SEGREDOS DO AMOR

COMO ACENDER A PAIXãO PELA INTIMIDADE

DAVID LAZO

Unidos en Amor

DEDICATÓRIA

Este livro foi inspirado pela graça de Deus e a mulher que sempre faz meu coração palpitar. Durante os anos que temos investido em nosso casamento, temos aprendido a buscar formas de enriquecer nossa relação íntima e, também, tempo e esforço a fim de alcançar a beleza de um casamento saudável.

Dedico este livro ao meu Senhor e Salvador pela sabedoria e a força que me tem dado para edificar um casamento sobre a rocha e à minha esposa que tem lutado com sabedoria para manter-nos unidos em amor. Ela me ensinou a proteger seu coração e a buscar maneiras de enriquecer nossa relação. Obrigado, Raquel, por sua paciência e apoio no ministério. Você, sem dúvida alguma, é um presente de Deus em minha vida.

ÍNDICE

INTRODUÇÃO

Existem muitas chaves com referência ao amor. Entretanto, nem todos as praticam. O amor é a chave principal em um casamento saudável. Se como casal pudermos praticar estas quinze chaves que a Bíblia nos mostra, seremos capazes de ter um casamento saudável:

> *O amor é paciente, é benigno; o amor não arde em ciúmes, não se ufana, não se ensoberbece, não se conduz inconvenientemente, não procura os seus interesses, não se exaspera, não se ressente do mal; não se alegra com a injustiça, mas regozija-se com a verdade; tudo sofre, tudo crê, tudo espera, tudo suporta. O amor jamais acaba [...] agora, pois, permanecem a fé, a esperança e o amor, estes três; porém o maior destes é o amor.*
>
> 1 CORÍNTIOS 13:4-8, 13

Deus estabeleceu estes princípios para que possamos manter-nos firmes na estrutura do amor. O amor chega a ser o fundamento da união entre marido e mulher. Entendamos que não se pode construir um edifício estável se não for feito sobre um alicerce sólido. Neste livro ensinarei como edificar sobre um bom fundamento relacionado com o amor.

O amor deve ser alimentado, cuidado, mas acima de tudo, deve ser fortalecido a fim de poder ter um casamento saudável e eficaz.

Como pastor e conselheiro matrimonial, vejo em cada consulta que dou a falta que existe de um amor genuíno na união dos casais de hoje em dia. O amor é o fator principal que tem sido eliminado da união entre marido e mulher. O amor chega a ser um mito, uma fantasia, um meio para alimentar a sexualidade ou a intimidade, mas não para honrar ou respeitar a união conjugal. Por isso, acontecem tantos divórcios em nossa sociedade. Tudo, como é natural, pela simples razão de que o amor se encontra em estado de extinção, pois temos perdido o romantismo e temos eliminado os valores e o respeito dentro do casamento.

Espero que este livro lhes ajude a avivar esse amor genuíno que Deus estabeleceu desde o princípio quando constituiu o casamento. A chave está no maior exemplo de Jesus. Ele amou tanto à igreja, que se entregou por ela:

Maridos, amai vossa mulher, como também Cristo amou a igreja e a si mesmo se entregou por ela,

EFÉSIOS 5:25

O amor é uma entrega total, é um sacrifício até a morte. Então, espero que as *Chaves do Amor* reafirmem e avivem o amor em seu casamento.

CAPÍTULO 1

PREPARE
A ATMOSFERA

Dedique alta estima à sabedoria, e ela o exaltará; abrace-a, e ela o honrará.

PROVÉRBIOS 4:8

Me lembro muito bem do momento em que conheci a Raquel, minha preciosa esposa. Foi algo que não esperava e, seguramente, enviado do céu. Durante nosso namoro aprendi a ser um cavalheiro, aprendi a respeitá-la e a agradá-la. Foi um namoro muito romântico. Ambos morávamos na Califórnia, ela morava em San Diego e eu em Anaheim, mas a distância que nos separava era de duas horas, o que era muito difícil para um jovem que não tinha um meio de transporte. Mas isso não foi capaz de deter-nos.

Nos comunicávamos por cartas e por telefone. A cada semana, recebia uma carta sua com o cheiro de seu perfume, assim podia "sentir o aroma" de sua presença perto de mim todas as noites antes de dormir. Cada vez que falávamos por telefone, sua voz e suas palavras me enlouqueciam, o que fazia que me apegasse a ela ainda mais.

Me lembro de um dos momentos mais marcantes de nosso namoro, quando lhe enviei rosas vermelhas pelo nosso aniversário de três meses. No processo de nosso namoro, aprendi a conquistá-la fazendo o que lhe agradasse e a preparar nossos momentos juntos perto do mar, seu lugar favorito.

Anos se passaram, mas a chama continua acesa. Tenho aprendido a ser sensível a suas necessidades, seus gostos, seus momentos, seus desejos, mas, acima de tudo seu tempo comigo. É a mulher que escolhi para viver o resto de minha vida. Ela é minha melhor amiga, minha amante, minha companheira, meu anelo, meu tesouro, a mãe dos meus filhos, mais que tudo é o meu amor.

Agora os filhos estão crescidos e nós dois estamos em nossa segunda lua de mel. O corpo já não é o mesmo, as necessidades são outras, mas a atmosfera continua sendo a mesma. Me refiro à atmosfera do romance. O romance não pode existir sem uma atmosfera. O dicionário da língua portuguesa descreve a palavra atmosfera como a "camada de ar que envolve a Terra". Quando uso a palavra atmosfera para referir-me a romance, estou descrevendo uma camada de amor que envolve o lugar de onde duas pessoas apaixonadas estão presentes.

O PROBLEMA DO HOMEM

Um homem talvez não entenda muito bem o porquê da necessidade de se ter uma atmosfera romântica. E, além disso, se perguntam: por que temos que ser românticos com a mulher que já conquistamos? Esse é o problema que existe no homem de hoje. A palavra romance desapareceu do vocabulário do homem. Se já não existe romance tampouco existe uma atmosfera romântica. A mulher, ao contrário, procura ter um tempo romântico com seu marido, um tempo em que a atmosfera esteja cheia de paixão, de palavras poéticas, de música que embeleze o momento, de velas que iluminem a alma, de beijos que demonstrem que se amam. Não estou falando sobre intimidade sexual, estou falando sobre como preparar a atmosfera antes de chegar a essa etapa.

Em Ester 2:12, vemos e aprendemos como se preparavam as mulheres que se apresentavam ao rei. Isto nos mostra a importância de preparar a atmosfera.

Em chegando o prazo de cada moça vir ao rei Assuero, depois de tratada segundo as prescrições para as mulheres, por doze meses (porque assim se cumpriam os dias de seu embelezamento, seis meses com óleo de mirra e seis meses com especiarias e com os perfumes e unguentos em uso entre as mulheres)

A atmosfera também tem muito a ver com a preparação de sua apresentação: como me vejo, o que mais gosta em mim, qual é sua cor favorita, qual é seu perfume preferido etc. Até a roupa tem muito a ver com a preparação da atmosfera.

Nestes trinta anos de casamento e de pastor e conselheiro de casais, tenho aprendido a entender que a mulher deseja um homem romântico, um homem criativo que saiba como suprir as necessidades de sua mulher. A mulher busca o que é suave, o que é terno, o que é sensual. Se satisfaz com carícias, com palavras de amor, com beijos suaves e apaixonados. Enquanto isso o homem só quer fazer amor. Bem, entenda que o amor não pode ser feito se não preparamos uma atmosfera. A atmosfera se desenvolve com a mulher por quem está apaixonado. Além disso, a atmosfera se transforma de acordo com o que se investe na vida da pessoa e no momento de fazer amor. A atmosfera chega a ser como uma sinfonia. É evidente que precisamos de muitos instrumentos para sermos capazes de captar a beleza da música. Na atmosfera romântica algo semelhante acontece, pois esta toma diferentes elementos do quarto que nos permitem "escutar" a beleza do amor.

O homem, como maestro da orquestra, é o que dirige a sinfonia no quarto. Controla o tom e o ritmo, assim como a atmosfera, até o ponto de encher o coração de sua mulher com tudo que seja necessário para que ela se entregue por completo. A atmosfera romântica nem sempre está no quarto. A atmosfera romântica pode estar em qualquer lugar, a qualquer hora, de qualquer forma.

Lembre-se de que o homem é o que controla o lugar e a hora. O homem tem as chaves do coração de sua mulher. O segredo está em ser criativos cada vez que se prepare el ambiente. Entretanto, em outras ocasiões, é bom que a mulher dirija a noite romântica. As mulheres também são criativas e muitas vezes querem demonstrar ao homem que também são românticas e nem sempre são as que recebem, querem demonstrar que também podem dar e até mais.

Homens, está tudo bem que elas demonstrem esse lado romântico, inclusive existe a possibilidade de que aprendam com elas. Por que digo isto? Porque as mulheres são mais sensíveis em todos os aspectos. Olhe o que quero dizer:

- ❑ A mulher é sensível, o homem é insensível;
- ❑ A mulher é carinhosa, para o homem é difícil demonstrar carinho;
- ❑ A mulher é suave, o homem é tosco;
- ❑ A mulher é simples, o homem é difícil;
- ❑ A mulher procura o amor, o homem busca a relação sexual;
- ❑ A mulher demonstra suas emoções, o homem esconde suas emoções;
- ❑ A mulher busca compreensão, o homem é incompreensível.

Assim, pode-se dizer que o homem precisa entender o que a mulher deseja ter de um homem: que seja sensível, carinhosos, suave, simples, amoroso, que demonstre suas emoções e que seja compreensivo. Claro que também procura por um homem que a entenda, que a apoie, que a proteja e que a respeite. Portanto, muitas destas necessidades são concebidas em uma atmosfera romântica.

O PROBLEMA DA MULHER

Analisemos agora o problema da mulher. Apesar de sua sensibilidade, a mulher demonstra, em muitas ocasiões, uma força oposta à de seu marido. Pode ser sábia ou não, o que prejudica muito mais que o homem. Mulheres, permitam que seus maridos planejem e ponham suas ideias em prática no quarto, não sejam tão difíceis na relação. Permitam que seus maridos aprendam a preparar a atmosfera, a criar uma noite romântica e agradável para os dois. Se seu marido não sabe como, ajude a ele e faça uma demonstração. Lembre-se de que a maioria dos homens não sabem como ser românticos, muito menos amorosos. Então...

- ❑ Seja sensível, não insensível;
- ❑ Seja compreensiva, não incompreensiva;
- ❑ Seja paciente, não impaciente;
- ❑ Seja carinhosa, não rancorosa;
- ❑ Seja alguém que demonstre a seu marido que ele é um grande homem;
- ❑ Seja alguém que saiba entendê-lo.

Quando a mulher deixa que o homem controle o ato sexual, e que ele possa levar sua mulher a um clímax completo, isto causará uma transformação íntima na mente do homem. O homem busca a aprovação da mulher e se a mulher o derruba com palavras negativas, tratará o quarto de maneira muito diferente. Mulheres, não busquem desculpas para não fazer amor, ao invés disso, tentem usar o momento para disfrutar e criar novas etapas na vida de vocês.

O PLANEJADOR

O homem chega a ser o que planeja a atmosfera. Seria como planejar uma festa, em que há necessidade de decorar o lugar com balões y preparar a música, a comida e os presentes. O mesmo acontece quando se planeja o momento de estar com o cônjuge. Talvez não seja prudente que chegue aos extremos, decorando o quarto com balões, mas é bom ter música, velas e até um presente especial para a pessoa que você mais ama. Lembre-se de que a atmosfera representa a qualidade do romance, que os dois vão investir na relação, de maneira que dure por toda a vida. Haverá momentos em que talvez não haja tempo de preparar a atmosfera, nessas ocasiões prepare a atmosfera com palavras. As palavras têm muito a ver com a preparação do momento.

Por exemplo, você não pode dizer à sua esposa que a ama repetidamente sem dizer algo que a vai excitar. É muito importante expressar o amor usando mais que uma frase. *Te amo, te desejo, te adoro, você é minha, toda minha, você é doce como mel, você é bonita e toda para mim etc.*

Salomão nos mostra muito bem como em Cantares 4:11:

Os teus lábios, noiva minha, destilam mel. Mel e leite se acham debaixo da tua língua, e a fragrância dos teus vestidos é como a do Líbano.

Além de ser poeta, Salomão tinha um coração romântico, sabia como chegar ao coração da mulher ao dizer que era "linda" e "minha amiga". O amor não é demonstrado somente com palavras, mas também com ações. O amor não é um substantivo, o amor é uma ação. O amor não é somente para ser escutado, é para ser visto também. É necessário demonstrar o amor com ações.

Essa é uma das fraquezas do homem que não sabe demonstrar o amor com ações, a única coisa que tem em sua mente é sua intimidade com seu cônjuge, enquanto a única coisa que tem a mulher em sua mente é ser amada pelo homem que está a seu lado. De que forma? Na forma de respeito, carinho, ternura, compreensão. Quando o homem conseguir encher o coração de sua mulher desta maneira, ela se entregará completamente a seu marido. Isso é o que nos ensina o rei Salomão em seu livro de Provérbios.

> *Estima-a, e ela te exaltará; se a abraçares, ela te honrará;*
> **(PROVÉRBIOS 4:8)**

Em outras palavras, o homem precisa exaltar sua mulher para que ela possa fazer o mesmo com seu marido. A mulher tem que receber de seu marido primeiro para que ele possa receber de sua mulher. O rei Salomão era sábio com suas mulheres, sabia como chegar a seu coração e como conquistá-las em uma atmosfera romântica. Portanto, se o homem não é criativo nem romântico em sua forma de amar, faz com que suas ações sejam limitadas em muitas ocasiões. Por isso, o homem deve aprender a entender as necessidades de sua mulher: seus desejos, seus gostos, suas fantasias, seus sonhos e seus prazeres. O homem precisa entender a profundidade do coração de sua princesa a fim de poder chegar e estabelecer seu reino.

Em uma relação matrimonial, o homem é o planejador, o engenheiro, a cabeça da relação. Ele determina o início e o fim de cada etapa da relação. Isto significa que o homem deve ser criativo na maneira de conquistar a sua mulher em toda atividade relacionada à relação. O homem tem que ter um plano, um desenho e uma ideia que vai fazer com que queira aproximar-se dela. Por exemplo, se você quisesse levá-la ao cinema para ver um filme de ação e guerra, você teria que conquistá-la para que ela fosse com você, pois ela prefere ver filmes românticos. Você tem que planejar bem a apresentação, o início, o processo e o benefício para que diga "sim". A ideia é que para toda atividade é necessário ter um plano, uma ideia, que sejam de benefício para os dois.

A mulher procura no homem alguém que saiba encher seu coração com surpresas. Se o homem não está preparado, isso indica que seu interesse naquilo que quer fazer não está muito firme. A maioria dos homens não são planejadores muito bons, não são criativos, não sabem como conquistar o coração de sua mulher. Muitos pensam que suas mulheres vão segui-los até o fim do mundo com um sorriso em seus rostos. Não é assim!

A IMAGINAÇÃO

É necessário ser criativos, usar a imaginação, explorar vias que deem lugar a uma noite inesquecível. Não é suficiente ir para a cama e esperar para ver se algo vai acontecer ou não. Por isso, saiba que existe muito material saudável e moral que pode ajudar ao homem a ser criativo no quarto, como em qualquer outro lugar que queira, para poder alcançar uma noite explosiva, fora deste mundo. Lembre-se do que diz a Bíblia:

O meu povo está sendo destruído, porque lhe falta o conhecimento

OSÉIAS 4:6

Não tenha medo de procurar por ideias saudáveis que possam enriquecer tanto a sua vida sexual como também sua relação pessoal. Homens, não sejam chatos, preguiçosos, nem tenham medo de explorar. Prometo a vocês que sua relação nunca será igual. Bem, não estou falando sobre explorar pornografia e imoralidade sexual, estou falando sobre ir a uma livraria cristã e procurar livros que educam e ajudam al casal a explorar maneiras saudáveis que fortalecem o apetite sexual e, também, enriquecem o casamento.

A OPORTUNIDADE

Muitos dos momentos mais íntimos e mais românticos surgem com a oportunidade. Nem sempre o ato sexual acontece da maneira que planejamos. Um dia, conversando com meu pai sobre sua relação sexual com minha mãe, fiz a seguinte pergunta:

_ Como está a relação sexual entre vocês dois?

_ Todas as sextas à noite, quando me aproximo para conquistá-la, começa a ter uma dor de cabeça que dura todo o fim de semana. _ papai respondeu meio desanimado.

Meu pobre pai não planejava bem a execução e não usava sua imaginação para conquistá-la. Por isso lhe ajudei com um pequeno conselho:

_ Nem sempre temos que fazer amor nos fins de semana, se deve fazer amor quando surja a oportunidade.

Depois, lhe aconselhei que experimentasse levar um comprimido para dor de cabeça, prevendo que ela o rechaçaria, pois não tinha nenhuma dor de cabeça. Dessa maneira, ela lhe daria luz verde para seduzi-la no mesmo momento e de levá-la ao quarto. Nunca tinha visto um sorriso tão grande no rosto do meu pai como nesse dia.

_ Filho, e se isso não funcionar e ela tomar o comprimido? _ ele me perguntou.

_ Muito fácil, papai, você tem a semana inteira para surpreendê-la – respondi.

Procure a oportunidade, crie o ambiente, planeje o momento, use sua imaginação e se alegre com a mulher da sua juventude.

Meus pais têm oitenta e cinco anos, neste momento em que escrevo este livro. A paixão e a intimidade entre eles ainda não cessaram.

A MENTE

A imaginação começa na mente, não no coração. A mente é o lugar onde tudo começa, é o armazém onde cada uma de suas ideias são guardadas. A mente é o lugar da criatividade, onde nascem lindas ideias sobre como edificar e fortalecer a beleza do seu casamento. A mente também é o lugar onde existe a maior parte das guerras, mais do que em qualquer outra parte do seu corpo. A mente é o lugar que o inimigo ataca constantemente para destruir seus pensamentos e suas ideias, as ideias que vão alimentar seu casamento.

O inimigo não quer que você seja uma pessoa criativa, que faz planos e que é feliz. Ele tampouco quer que você busque por maneiras de ter prazer em sua relação sexual com seu cônjuge. Ele fará de tudo para contaminar a sua mente e causar perversão em seu casamento, injetando ideias perversas capazes de arruinar e destruir seu casamento.

E não vos conformeis com este século, mas transformai-vos pela renovação da vossa mente, para que experimenteis qual seja a boa, agradável e perfeita vontade de Deus.

ROMANOS 12:2

O CORAÇÃO DO HOMEM

Quero focar no coração do homem e depois falaremos do coração da mulher. O coração do homem é muito mais duro que o coração da mulher. O homem sempre busca a lógica em tudo. Além disso, o homem tenta entender o coração da mulher, mas não pode por causa da sua dureza e sua imaturidade. A maioria das intenções do homem com relação a seu cônjuge são boas, mas suas ações mostram o contrário. Provérbios 16:9 nos diz:

O coração do homem traça o seu caminho, mas o Senhor lhe dirige os passos.

O homem sempre busca o que é seu, o que o beneficie, o que seja fácil, sem sacrifício. É difícil para o homem ser sensível às necessidades de sua mulher porque seu coração funciona de forma diferente muito diferente ao da mulher.

O homem precisa aprender a entregar todo o seu coração e a alma à sua mulher. Não me refiro a um ato espiritual, senão a uma entrega física, emocional, cheia de afeto e compreensão. Um dos problemas que minha esposa e eu vemos com muita frequência em nossas consultas é que as mulheres sentem que seus maridos não as entendem. Não se trata de que não as entendam, é que não conhecem o coração da mulher. De que forma nos damos conta dessa ideia? Não todos os homens são românticos, sensíveis, carinhosos, compreensíveis. Além disso, não procuram o coração de sua mulher, somente a nudez e sua aparência física.

O CORAÇÃO DA MULHER

Analisemos agora o coração da mulher. O coração da mulher é nobre, suave, sensível e cheio de emoções. O coração da mulher é muito maior do que o do homem, não fisicamente, mas em sua função. Considere o seguinte:

CARACTERÍSTICAS DISTINTIVAS	
CORAÇÃO DO HOMEM	**CORAÇÃO DA MULHER**
• Duro	• Suave
• Orgulhoso	• Humilde
• Incompreensivo	• Compreensivo
• Insensível	• Sensível
• Rancoroso	• Perdoador

É claro que nem todos os homens são assim, mas a maioria é. Este é o conflito que vemos frequentemente em nossas consultas, pois os dois corações se chocam no meio do momento em que ele quer fazer algo no quarto que, em muitas ocasiões, ela não está de acordo. Isto traz, como resultado, incômodo e insegurança na intimidade sexual. Os dois corações têm que estar na mesma medida, na mesma condição para poder alimentar-se um do outro. Se não for assim, só um dos dois sairá satisfeito do momento.

No próximo capítulo mostrarei como conhecer melhor o seu parceiro ou sua parceira.

CAPÍTULO 2

CONHEÇA O SEU CÔNJUGE

Porque conheço as suas obras e os seus pensamentos.

ISAÍAS 66:18

Agora a pergunta seria: "Quão bem você conhece o seu cônjuge?" Nos anos que minha esposa Raquel e eu trabalhamos como conselheiros de casais, percebemos que muitos dos casais que aconselhamos não se conhecem profundamente. Em quase todas as conferências de casais que fazemos anualmente, entregamos um questionário com nove perguntas sobre o quanto conhecem seu parceiro ou sua parceira. A maioria dos participantes erra mais da metade das perguntas. Coloquei estas perguntas à sua disposição para que você possa respondê-las de acordo com seu melhor critério. Tente respondê-las al lado de seu cônjuge para que confirmem até que ponto se conhecem.

1. Qual é a cor favorita de seu cônjuge?
2. Qual é a comida favorita de seu cônjuge?
3. Qual é o nome do perfume de seu cônjuge?

4. Quais são os maiores temores de seu cônjuge?
5. Qual é o tamanho da cintura de seu cônjuge?
6. Qual é o filme favorito de seu cônjuge?
7. Que lugar no mundo seu cônjuge gostaria de visitar um dia?
8. Qual é a comida que seu cônjuge menos gosta?
9. Quais são as metas de seu cônjuge?

No momento em que estiverem participando deste exercício, é possível que percebam de que não se conhecem muito bem. Caso acreditem que se conhecem, seu conhecimento será limitado. A isto chamo de conhecimento exterior, pois não se trata de um conhecimento interior. Qual é a diferença? Bem, permitam-me explicar-lhes com detalhes.

Conhecimento exterior: o conhecimento exterior está baseado na vida diária, como trabalho, casa, jantar, descanso. Portanto, se trata de tarefas que se repetem cada dia.

Conhecimento interior: este conhecimento, entretanto, seria algo mais profundo como desejos, sonhos, emoções, temores, fracassos e vitórias. Se expressa com a profundidade do coração, não com a lógica, nem com a mente.

A Bíblia nos ensina em Mateus 12:34 o seguinte: "Pois a boca fala do que está cheio o coração." Então, para conhecer bem o seu cônjuge, você tem que conhecer o seu coração, não as coisas que faz. Darei um pequeno exemplo.

Há alguns anos, minha esposa Raquel e eu estávamos juntos na sala de nossa casa. Nossos filhos já estavam dormindo e Raquel decidiu que deveríamos nos deitar ao lado da lareira. Seu plano era me conhecer mais do que já conhecia. Me deitei em seu colo enquanto ela acariciava minha cabeça. No momento em que me senti relaxado, ela começou a me perguntar: "Querido, me diga, quais são os seus maiores temores? Quais são os seus sonhos? Quais são suas metas na vida? Logo percebi que estava chegando no meu coração, não à minha mente. Então, algo brotou em mim que nunca tinha contado a ninguém, nem mesmo a ela. Foi um momento agradável para os dois. Para mim porque pude expressar à mulher da minha vida, para ela porque permitiu que me conhecesse de maneira mais profunda.

A FRAQUEZA DO HOMEM

Para os homens é muito difícil manifestar suas emoções e seus temores a qualquer ser humano, especialmente à mulher. Isto seria como dar amostras de suas fraquezas. Geralmente, o homem gosta de mostrar sua força, não sua fraqueza, se orgulha de sua segurança, não de sua insegurança. Então, para que um homem expresse suas emoções à sua esposa, tem que estar muito apaixonado. Na população de origem hispana, catalogamos o homem como "machista", palavra relacionada ao "machismo", que se trata da atitude prepotente dos homens com relação às mulheres. Mas um homem de verdade não é machista, é viril, pois é esforçado, corajoso e firme. Isto faz com que o homem não manifeste nem expresse seus sentimentos, pois assim estaria revelando *fraqueza*.

Tenho certeza de que você já escutou esta frase: "Homens não choram." Mas também há outra frase conhecida que indica o contrário: "O homem que chora é mais homem que o que não chora". Apesar de que os homens muitas vezes são bruscos, fortes e masculinos só para demonstrar seu papel de varão, a realidade é que são filhotinhos mansos, suaves e têm medo do desconhecido. Mesmo assim, nunca demonstrarão essa realidade para não perderem o poder varonil.

A FRAQUEZA DA MULHER

Agora analisemos a fraqueza da mulher. Fora sua beleza e sua sensibilidade na relação, a mulher tem várias fraquezas. Pode ter uma personalidade forte, mas ser insegura sobre si. Pode ser sensível, mas de opinião forte. A mulher espera que o homem lhe assegure que é bela em todos os aspectos. Isto resulta em que muitas mulheres tenham baixa autoestima, pois sempre procuram ter a aprovação de seu marido.

As mulheres também precisam saber que seu homem não anda olhando para outras mulheres. Não estou falando de ciúmes, estou dizendo que a mulher presta mais atenção e cuidado ao casamento que o homem. Isto não é ruim, mas pode causar uma separação física no casamento, se a mulher é muito exigente e protege demais o seu marido. Como é natural, é necessário ter equilíbrio, uma linha de comunicação, uma relação saudável, onde nenhum dos dois se sinta inseguro ou incômodo na relação. O homem tem que demonstrar à sua mulher, através de seu comportamento e suas ações, que ela é única. Se o homem fica muito *soltinho* com outras mulheres, faz com que sua esposa se sinta insegura e aja de uma maneira exigente e demonstre uma proteção desmedida na relação.

QUANDO O HOMEM SE ENTREGA

Quando o homem se entrega à sua mulher, deve fazê-lo completamente. É muito similar ao momento em que nos entregamos ao Senhor Jesus Cristo, pois o fazemos em espírito, alma e corpo.

A Bíblia nos ensina que, no casamento, o homem e a mulher chegam a ser uma só carne. Então, já não existe segredo entre os dois, pois ambos se entregaram uma ao outro por completo. Isto nos revela a importância de se conhecerem profundamente. Entretanto, há homens que não permitem que suas esposas conheçam as chaves de acesso a seu celular nem de suas contas bancárias. A impressão que dão é a de que estão escondendo algo.

A entrega no casamento se manifesta quando se dão inteiramente um ao outro, quando compartilham as chaves de acesso, o dinheiro, o carro e até os segredos mais íntimos da vida. A maioria dos homens se entrega à sua mulher, mas com condições, segredos e a liberdade de sair com os amigos quando quiser. Muitos poucos homens são sinceros no guardar os votos do casamento, assim como em ser honestos e francos com suas esposas. É por isso que o divórcio cresceu no mundo inteiro, pois os casais não se conhecem entre si.

Às vezes pensamos que o casal se conhece porque já têm cinco filhos e vinte anos de casados, mas não é assim. A realidade é que existem casais que só vivem juntos como companheiros de quarto e não como marido e mulher. Vivem uma vida chata onde falta comunicação e compreensão. São amigos, mas não amantes. Moram juntos, mas dormem separados. Têm casa, mas não um lar. Têm relações sexuais, mas não fazem amor. Têm filhos, mas não têm uma família. Ambos trabalham, mas têm contas separadas.

QUANDO A MULHER SE ENTREGA

Quando a mulher se entrega, se entrega completamente. Procura por uma relação que dure para sempre, que seja perfeita, sem surpresas, onde o homem é o contrário. Lembrem-se de que a mulher é muito mais sensível que o homem. Isto faz com que sua entrega seja mais profunda que a do homem.

A mulher se entrega mais ao pacto e usa todo o seu ser para demonstrar ao homem e ao mundo que está loucamente apaixonada por seu marido. A mulher não compara seu marido com outros, para ela só existe um. Quando a mulher se entrega, é para sempre, não existe outro. Seu pensamento é: "Não existe a possibilidade de que este homem falhe comigo, nem que me abandone". Quando a mulher se entrega, é para toda a vida.

SE CONHEÇAM MELHOR

A Bíblia diz em Isaías 66:18: "Porque conheço as suas obras e os seus pensamentos." Em seu caso é possível que conheça as obras de seu cônjuge, mas falta a você conhecer seus pensamentos. Para conseguir conhecer os pensamentos de seu par, você tem que começar a conhecer o seu coração. Para poder conhecer o seu coração, você tem que estar apaixonado. O amor é a chave do coração de seu par. Se não existir amor, você nunca poderá conhecer seu cônjuge.

Pensamos que conhecemos bem a pessoa que está a nosso lado, mas se um dia a perdemos, percebemos que, na verdade, não a conhecíamos. Para poder conhecer bem a pessoa com a qual você prometeu estar para sempre, deve entender que não se trata somente de conhecê-la, mas também agir, investir, depositar, encher e até sacrificar-se em seu favor, você tem que satisfazer seus desejos e demonstrar esse amor genuíno e verdadeiro. Uma coisa é conhecer seus pensamentos, outra coisa é agir conforme o que sabe. A palavra conhecer significa "entender, advertir, saber, perceber", ao averiguar pelo exercício das faculdades intelectuais da natureza, qualidades e relações das coisas. Então, mediante suas faculdades, deve conhecer as qualidades da pessoa que é seu par e conectar com as suas a fim de ter um casamento saudável.

Raquel e eu somos muito diferentes em muitas coisas. Por exemplo, eu sou da Costa Rica e ela é méxico-americana. Seus costumes são diferentes dos meus. Gosto de feijão preto, ela gosta de feijão carioca. Ela sempre está com calor, eu estou sempre com frio; ela gosta de janela aberta, eu gosto de janela fechada. Eu conheço suas manias e ela conhece as minhas. Conhecemos as fraquezas de ambos e, da mesma maneira, conhecemos os pontos fortes de cada um. Levou tempo, mas tem sido parte da vida matrimonial.

Quando nos casamos, com nossos votos nos comprometemos a amar-nos até que a morte nos separe. Se vamos viver juntos para o resto de nossas vidas, devemos conhecer-nos e entender-nos para poder cumprir essa promessa. Devemos conhecer o que nos faz funcionar, o que nos "prende", assim como o que nos "apaga"; o que gostamos ou não gostamos. Devemos conhecer quais são nossos sonhos, nossas metas, nossos desejos, nossas conquistas, assim como nossas fraquezas e nossos pontos fortes. Além disso, devemos conhecer aqueles que são nossos amigos e os que são nossos inimigos, qual foi nosso passado e qual será nosso futuro.

Com o passar dos anos, não só temos aprendido sobre as diferenças de ambos, também temos visto uma mudança radical. Nossos gostos têm mudado, nossos desejos são diferentes, nossos sonhos não são os mesmos. Temos aprendido a conhecer-nos muito mais no processo da mudança. Entendam que quando o casal sabe e conhece a profundidade do coração de seu cônjuge, será difícil romper esses laços de amor que Deus uniu. Nunca deixará de aprender algo novo sobre seu cônjuge, porque com os anos virão as mudanças e, no processo, virão inúmeras coisas novas a serem aprendidas e conhecer com seu par. Meu desejo mais profundo é que envelheçamos juntos... e ainda faltam muitos anos!

COMO SE FORTALECE A COMUNICAÇÃO

A comunicação no casamento é uma das bases principais para se ter um casamento saudável. Ainda assim, é o ingrediente que menos usado nas relações matrimoniais. A maioria dos problemas matrimoniais surgem por causa da falta de comunicação. O homem sempre presume que a mulher tem tudo sob controle. Por outro lado, a mulher pensa que o homem, como cabeça do lar, tem tudo em ordem. No fim do mês, os dois percebem que nada foi feito a respeito y mergulham em uma profunda discussão onde nada se resolve porque ninguém quer assumir sua responsabilidade na situação.

A comunicação é essencial para guardar a ordem tanto na relação como na intimidade. A comunicação é um recurso que ajuda a produzir resultados e a trazer soluções em qualquer situação. A seguir lhe mostrarei uma série de assuntos onde deve haver comunicação entre você e seu cônjuge.

Comunicação...
- ❏ Ao fazer amor;
- ❏ No pagamento das contas;
- ❏ Se há mudança de planos;
- ❏ Com o tempo e o trabalho;
- ❏ Nos deveres do lar;
- ❏ Nas finanças;
- ❏ Com respeito aos filhos;

❑   Nos investimentos e grandes compras;

❑   De acordo com a visão e os planos para o futuro;

❑   Para as férias ou folgas.

Poderia continuar escrevendo uma grande lista de aspectos-chave para uma boa comunicação, a qual não existe na maioria dos casamentos. Então, agora quero ajudar a você e seu cônjuge, a fim de que consigam fortalecer a linha de comunicação em seu casamento. Em primeiro lugar, façam uma lista de pontos importantes que precisam de atenção. Escolham um ponto por dia e falem sobre o assunto por entre dez e quinze minutos sem discutir. Com tal objetivo, façam o seguinte:

1.   Falem do problema ou situação;

2.   Busquem uma solução;

3.   Orem juntos ao terminarem.

Agora vejamos um exemplo de como podemos fortalecer a comunicação no casamento:

PROBLEMA: Insegurança e falta de intimidade.

Mulher: Sinto que você não me ama, não sinto afeto nem carinho de sua parte.

Homem: Você sabe que amo você. O que mais quer de mim?

Mulher: É que você já não me toca, sempre está cansado, passa a vida com seus amigos ou vendo televisão. Quero sentir seu amor e seu afeto. Não quero me sentir insegura e achar que há outra mulher.

SOLUÇÃO: Resposta à comunicação

Homem: Me perdoe, eu não sabia que você se sentia dessa maneira. Prometo que não vou mais dedicar tanto tempo a meus amigos para poder passar mais tempo com você. Farei tudo o que for possível para demonstrar meu amor e meu afeto todos os dias. Não percebi que você se sentia assim.

ORAÇÃO: Por ajuda

Senhor, me arrependo por meu comportamento egoísta e por não ser sensível às necessidades da minha esposa. Ajuda-me, Senhor, a ser um homem melhor a cada dia e a cuidar do coração dela. Amém.

Sem ter que fazer uma tempestade em um copo d'água, lembrem-se de que isto não deveria tomar mais do que dez ou quinze minutos. Esta prática não só ajuda a solucionar os problemas, mas também a abrir a linha de comunicação e a estender o tempo de dez minutos para uma hora. Além disso quando saírem para uma noite romântica, estabeleçam um assunto específico para conversar para que a noite não seja chata. Nunca falem de problemas nem dos filhos em um encontro, falem do amor, de sonhos e gostos. Tentem criar uma atmosfera romântica e agradável.

COMO EDIFICAR A RELAÇÃO

Em muitas ocasiões, digo que a relação matrimonial é como um jardim que tem que ser cultivado e cuidado incessantemente. Em uma relação, é necessário buscar novas maneiras para alimentá-la, não a chatear nem a secar. Aqui entra a criatividade e a habilidade de poder edificar e alimentar a união entre marido e mulher. Uma relação não é necessariamente edificada com presentes, viagens e encontros românticos; uma relação pode ser edificada com tempo, comunicação, compreensão, imaginação e devoção.

Compreensão: A relação é composta por dois indivíduos que se amam, mas não se entendem. Parte do processo de edificação de uma relação é poder entender um ao outro, é buscar forças um no outro e unir forças para fortalecer a relação. É evidente que os dois têm gostos, ideias, histórias e sentimentos diferentes. Por isso, devem entender estes fatores com o propósito de edificar sua relação sobre eles, assim como demonstrar amor mediante a compreensão.

Sensibilidade: Outra demonstração para edificar a relação é a sensibilidade em todos os aspectos: sensíveis ao físico, ao emocional, ao intelectual e ao espiritual. É preciso saber discernir entre o negativo e o positivo, os gostos e os desgostos. A sensibilidade está conectada às emoções, aos sentimentos e ao coração. Isso significa que grande parte de uma relação saudável está formada debaixo das emoções e sentimentos. Lembrem-se que o amor é um sentimento que se forma no coração, de tal modo que se em uma relação não existem sentimentos ou emoções, é provável que não exista amor. A Bíblia nos diz o seguinte:

O coração alegre é bom remédio, mas o espírito abatido faz secar os ossos.

PROVÉRBIOS 17:22

Em parte, o coração alegre se manifesta:

- ❏ No reconhecimento da verdade por ser sensível à pessoa que você mais ama;
- ❏ Na solução de um conflito matrimonial ao ser sensível de coração;
- ❏ No perdão que nasce ao ser sensível à dor da outra pessoa;
- ❏ No amor que se desenvolve ao ser sensível à necessidade do cônjuge;
- ❏ No desfrutar da intimidade ao ser sensível à pessoa amada.

No capítulo seis me aprofundarei mais sobre o assunto da sensibilidade.

CAPÍTULO 3

APROVEITE O MOMENTO

> **Qual o homem que plantou uma vinha e ainda não a desfrutou?**
>
> DEUTERONÔMIO 20:6

Uma das chaves do amor é desfrutar da união entre marido e mulher. A palavra desfrutar é sinônima de gozar, divertir-se, alegrar-se, regozijar-se, contentar-se, deleitar-se. Para mim, estar casado não é só estar unido à minha esposa, é também desfrutar de sua companhia. É preciso aproveitar o tempo alegrar-nos na oportunidade, é necessário deleitar-nos no fato de estarmos juntos. O disfrutar mútuo sempre busca a oportunidade de alimentar a unidade.

O casamento é como um jardim que chega a ser algo estravagante, algo delicado, algo belo, que toma tempo. Em primeiro lugar, é preciso preparar a terra e eliminar as ervas daninhas. Logo, é necessário plantar as flores, regá-las e esperar a beleza de seu fruto. No processo do cultivo é preciso desfrutar do momento em que se está trabalhando. Entendam que cada dia é diferente no casamento. Cada momento tem sua demanda, suas necessidades, suas falhas, suas fraquezas, seus desejos e seus prazeres. Não podemos permitir que as coisas negativas da vida afoguem todas as coisas positivas. Por isso, é muito importante que desfrutemos de cada momento com nosso cônjuge.

No meu caso, quero que minha esposa esteja ao meu lado tanto em meus fracassos como em minhas vitórias. Além disso, quero estar sempre a seu lado para desfrutar de cada momento da vida, pois todas as coisas que façamos juntos serão lembranças no futuro e estas lembranças se transformarão em histórias que contaremos aos nossos filhos e netos.

Gosto muito do que nos diz Moisés em Deuteronômio 20:6:

Qual o homem que plantou uma vinha e ainda não a desfrutou? Vá, torne-se para casa, para que não morra na peleja, e outrem a desfrute.

Então, de que valeria a casar-me sem que pudesse desfrutar de cada momento para depois morrer no campo de batalha e deixar que outro homem desfrute de minha mulher?

A Bíblia nos diz que não sabemos "o que sucederá amanhã" (Tiago 4:14). Então, tenho que viver hoje como se fosse meu último dia e desfrutar de cada momento, cada respiro, cada toque, cada oportunidade que tenha com meu cônjuge.

NÃO PERCAM TEMPO BRIGANDO

Não percam seu tempo com discussões, nem gastem suas energias brigando. Não desperdicem seu dia sem falar um com o outro porque ninguém sabe "o que sucederá amanhã". Portanto, desfrutem do momento e alegrem-se pelo prazer de estar ao lado da pessoa que mais ama.

Entendo que há momentos difíceis para o casal. Entretanto, prefiro usar meu tempo resolvendo o problema do que não fazer nada, porque quanto mais rápido resolvermos o conflito, mais rápido poderemos desfrutar do momento.

Agora, voltando à criatividade, lembrem-se do seguinte: "O casamento é o que permitimos que seja". Se quiserem o casamento chato, terão um casamento chato. Se quiserem um casamento saudável, terão um casamento saudável. A diferença é que em um casamento chato não têm que fazer nada, nem têm que investir, nem se esforçar. Além disso, não têm que mostrar que têm interesse um no outro. Mas, para ter um casamento saudável, têm que investir seu tempo, suas forças, sua criatividade, seus sentimentos e seus sonhos.

Em muitas ocasiões, devemos criar o ambiente, inventar o momento de rir, dedicar tempo para as lembranças e desfrutar de cada momento que venha adiante. Portanto, devemos aproveitar ainda que não haja o que comer e dar gargalhadas quando cortarem a água porque esquecemos de pagar a conta. Devemos aproveitar a vida em tempos de chuva e calor, com dinheiro ou sem dinheiro, se temos que dormir na cama ou no chão, se temos carro ou temos que caminhar por falta de transporte. Lembrem-se da promessa que fizeram em seu casamento. Eu, por exemplo, prometi o seguinte: "Eu, David, te tomo, Raquel, como minha legítima esposa para que sejamos um só de hoje em diante, no bem ou no mal, na riqueza ou na pobreza, na prosperidade ou na adversidade, para cuidar-te e amar-te, até que a morte nos separe".

Estes foram os votos que minha esposa e eu fizemos no dia 4 de setembro de 1982. Quando Raquel e eu revisamos os votos, nos lembramos de que fizemos uma promessa de desfrutar juntos de cada momento: nos bons momentos ou em tempos de dificuldade e adversidade, na doença ou na saúde, na riqueza ou na pobreza. Um aspecto chave e de grande importância é desfrutar juntos de cada momento, seja este agradável ou desagradável, porque o mais importante é estarmos juntos em tudo que nos possa trazer a vida.

APROVEITEM O TEMPO

Minha esposa Raquel e eu, por exemplo, nos esforçamos para ter um fim de semana fora da rotina de três em três meses. Digo que nos esforçamos porque existe uma grande demanda no ministério e, porque nosso chamado é grande, é muito fácil esquecer do nosso compromisso de desfrutar os momentos que temos juntos.

Temos muitas tarefas, viajamos a diferentes lugares no mundo dando conferências para casais, pastoreamos uma congregação, sou capelão do departamento de polícia de nossa cidade e procuro ter tempo para escrever livros que ajudem a edificar casais. O que é mais importante, também dedicamos tempo a nossos filhos e netos. Creio que minha esposa e eu merecemos pelo menos um fim de semana sem pensar no ministério nem nas demandas que o mundo nos traz.

Quando planejamos viajar a algum lugar distante para estarmos juntos, é difícil viajar sem nossos filhos, apesar de já serem adultos. Então, toda vez que viajamos em família, procuramos ter um tempo a sós, só para nós dois. Desfrutamos do momento em família e do momento a sós como casal. Quero que entendam que o desfrutar do casamento indica que estão apaixonados, que podem se suportar, que se compreendem e que estão dispostos a investir na vida um do outro. É muito importante encontrar tempo para vocês como casal, tempo para passear, para ir um dia ao campo, para caminhar pelo parque de mãos dadas e para ter momentos românticos. É lindo poder compartilhar as responsabilidades do lar como limpar a casa, cozinhar, lavar e até fazer amor na sala.

É preciso ser criativos e desfrutar do momento. Não podemos deixar que passe um dia sem que possamos rir juntos ou investir algo novo na vida de nosso cônjuge. Recordem que o amor não "se alegra com a injustiça, mas regozija-se com a verdade; tudo sofre, tudo crê, tudo espera, tudo suporta" (1 Coríntios 13:6,7). Na unidade do matrimônio, parte do crescimento e do desenvolvimento dos cônjuges está em sofrer, esperar, suportar e crer. Então, quando podemos suportar, o fazemos desfrutando do momento. Que nos diz Tiago em sua epístola?

Meus irmãos, tende por motivo de toda alegria o passardes por várias provações,

TIAGO 1:2

Lembrem-se de que alegria é parte do significado da palavra "desfrutar". Então desfrutem do momento e aprendam com isso porque esses serão os que criam as lembranças de ontem.

VALORIZEM O QUE TÊM

Em certa ocasião, minha sogra me revelou uma grande verdade:

_ David, quando eu morrer não quero que tragam flores – ela me disse.

_ Por que não? – perguntei.

_ Porque não poderei desfrutar das flores na tumba, prefiro que me deem flores hoje que estou viva do que quando já estiver morta – foi sua resposta.

Olha, essa sim é uma grande verdade! Quero dar à minha esposa todo o meu amor agora que está perto de mim. Por que esperar até que seja tarde demais?

Cada dia tem um preço, por isso valorizem sempre o que têm. Lembrem-se de seu compromisso e invistam no que já possuem. Temos que valorizar para poder desfrutar do que temos. Valorizamos quando investimos, e quando investimos é porque cremos no que queremos. Se você ama o que tem, é porque crê no que tem. Então, se você crer no que tem, investirá em seu cônjuge a fim de que desfrutem do resultado.

Quando alguém investe em seu cônjuge, está investindo em si mesmo, pois os dois são uma só carne. Sendo positivo ou negativo, os dois chegam a ser partícipes do resultado final. Por exemplo, se o homem é infiel à sua mulher, o resultado causará grande dano aos dois. Se os dois se mama e se respeitam, o resultado será um casal feliz e saudável. Lembrem-se desta importante chave: "O produto final de um bom casamento é determinado pelo tamanho do seu investimento".

APRENDAM A INVESTIR

Quando falo de investimento ou investir, não me refiro a investir dinheiro, falo sobre investir tempo. Um bom investimento sempre dará lucro. Lembrem-se de que quanto mais se investe no casamento, mais forte é o alicerce na relação. Estabeleçam um tempo em que estejam a sós, afastados dos filhos, do trabalho e da igreja. Se estão muito ocupados para vocês mesmos, isso significa que estão em perigo. Se têm filhos, lembrem-se de que o casamento veio antes da família. Não se acostumem mal a seus filhos dando a eles todo o tempo, estabeleçam um horário diário e semanal, dividindo o tempo entre as responsabilidades do lar, os filhos e o casamento. Procurem formas de diversão, lugares românticos, como caminhar na praia e brincar na areia desenhando um coração com o nome dos dois. Vão um dia ao parque com uma cesta cheia de guloseimas para compartilhar debaixo de uma árvore. Peguem uma navalha e gravem o nome dos dois no tronco de uma árvore com a data do aniversário de casamento. Sejam criativos e saibam encher o dia e a noite com pétalas de amor.

SEJAM CRIATIVOS

Abandonem a tradição e sejam criativos em tudo. Tentem sair a diferentes lugares, busquem novos horizontes, caminhem de noite e não de diz, peguem ônibus e não usem o carro. Estas são ideias criativas que tudo o que fazem é fortalecer a unidade do matrimônio. Lembrem-se de que são amigos e que os amigos sabem desfrutar do momento. Então, tentem sair com outros casais, aprendam com os outros, busquem novas ideias, novos estilos, estratégias, lugares, restaurantes e até sua aparência. A criatividade nunca tem fim, pois é um recurso que nos ajuda a aprimorar o romance e a intimidade. Sejam criativos em sua intimidade, tentem fazer amor em outros cômodos da casa, em um hotel, em outra cidade, se possível. Quando estamos dispostos a aproveitar as possibilidades, nossos momentos são sempre uma aventura.

SAIBAM PLANEJAR A FAMÍLIA

Desde o princípio o propósito de Deus para a criação sempre foi encher a Terra com plenitude. Quando no livro de Gênesis vemos a narrativa de que Deus criou o homem e viu que ele não podia estar só, logo criou a mulher para que fosse sua companheira:

> *E Deus os abençoou e lhes disse: Sede fecundos, multiplicai-vos, enchei a terra e sujeitai-a; dominai sobre os peixes do mar, sobre as aves dos céus e sobre todo animal que rasteja pela terra.*
>
> **(GÊNESIS 1:28)**

Podemos ver que o plano de Deus era que o homem e a mulher se multiplicassem e enchessem a Terra. Hoje em dia, a essa multiplicação damos o nome de "família".

A família é uma grande parte do casamento, mas o problema é que nem todos planejam ter uma família. Grande parte dos divórcios em nossa sociedade atual acontecem devido a que não se planeja com tempo a família. Faltaram o planejamento, a estrutura, o alicerce e a força na relação. Então, quando chegaram os filhos, se apagaram o romance e a comunicação. Agora, a amizade não é mais a mesma, não existe respeito e se perde o foco em ambos, pois agora o foco está na família e não no casamento. Minha esposa e eu sempre aconselhamos os novos casais que queiram casar-se, que dediquem pelo menos dois ou três anos juntos antes de planejarem ter uma família.

DESFRUTEM DOS FILHOS

Uma vez que se planeja a família, chega o momento de aprender a desfrutar dos filhos. Lembrem-se de que os filhos são herança de Deus, mas também são uma demanda, requerem muito de seu tempo e sua energia. É preciso saber como dar a eles o tempo necessário para que, depois, os dois possam desfrutar de um momento tranquilo e romântico. É necessário tentar equilibrar o tempo durante o dia para poder desfrutar do tempo a sós.

Um dos erros mais comuns nos casamentos é quando os casais colocam os filhos acima deles mesmos. Lembrem-se de que os casais vêm sempre primeiro e os filhos em segundo. Aqui estão algumas orientações a serem seguidas:

❑ Saibam investir tempo adequado com os filhos para que os dois possam desfrutar de um tempo a sós;

❑ Saibam equilibrar o tempo (Eclesiastes 3:1);

❑ Eduquem a seus filhos para que respeitem o tempo da mamãe e do papai (Provérbios 6:20);

❑ Instruam seus filhos no bom caminho (Provérbios 22:6);

❑ Separem um dia da semana para toda a família (tempo familiar);

❑ Papai, procure ter um tempo a sós com seus filhos (Provérbios 4:1);

❑ Mamãe, procure ter um tempo a sós com seus filhos (Provérbios 1:8).

Separem um tempo e pratiquem estes pontos que, seguramente, ajudarão a edificar os seus filhos e a desfrutá-los.

CAPÍTULO 4

SEJA ROMÂNTICO

...mostra-me o rosto, faze-me ouvir a tua voz, porque a tua voz é doce, e o teu rosto, amável.

(CÂNTICOS 2:14)

Dizem que o romance é a chama do amor. Minha pergunta seria a seguinte: "O que é o romance?". A realidade é que para uma pessoa o romance talvez seja algo completamente do que significa para outra pessoa. Por exemplo, quando um homem abre a porta do carro para sua esposa, isso é romântico para algumas mulheres; mas para outras isso é cortesia. Quando um homem compra flores para sua esposa em um dia comum, pode ser al romântico; para outras isso significa que o homem está querendo alguma coisa. O dicionário nos dá bastante informação sobre as palavras romântico e romance:

❑ Romance: Composição poética. Relação amorosa passageira.

❑ Romantismo: Qualidade de romântico, sentimental.

❑ Romântico: Sentimental, generoso e sonhador.

Espero que estes significados ajudem no entendimento do que significa a palavra "romântico".

Entendo que para muitas pessoas é um pouco difícil ser romântico, pois, quem sabe, tenham sido educadas em um ambiente em que não se praticava o romance. Talvez seus pais não demonstrassem amor em público, muito menos serem românticos. Entretanto, tudo isso pode mudar. Uma das maneiras de ser romântico seria, antes de tudo, estudar bem seu cônjuge. Aprender a conhecer seus gostos, seus sentimentos, seus desejos, suas fantasias, assim como explorar bem o coração e a mente da pessoa.

Lembre-se de que o romance vem de muitas formas e tamanhos. No meu caso, por exemplo, sei que Raquel ama estar ao meu lado ouvindo música romântica. Uma de nossas canções favoritas é "Toda uma vida". Dediquei esta canção em uma noite antes do dia de nosso casamento. Lembro-me bem essa noite em que dois de meus amigos tocaram violão enquanto eu lhe oferecia uma serenata de amor debaixo da janela de seu quarto. Permitam-me mostrar-lhes a letra.

Toda uma vida ficaria contigo
Não me importa de que forma
Nem como, nem onde, mas junto a ti

Toda uma vida te estaria mimando
Te estaria cuidando como cuido da vida
A que vivo por ti

Não me cansaria de dizer-te sempre
Mas sempre, sempre
Que és na minha vida
Ansiedade, angústia e inquietação

Toda uma vida ficaria contigo
Não me importa de que forma
Nem como, nem onde, mas junto a ti.

Desde então, tenho aprendido a parafraseá-la de diferentes formas. Uma vez, em uma de nossas conferências de casais "Unidos em Amor", me perguntaram: "Como pode uma pessoa permanecer romântica?". Minha resposta foi simples, e com outra pergunta: "Como pode uma pessoa manter-se em uma boa condição física?". Com tal propósito, a maioria das pessoas vai à academia, encontra uma maneira de treinar e mantem o corpo em forma. É o mesmo conceito para manter-se romântico. Então, procure a maneira de treinar e praticar o romance. O livro de Cantares (Cânticos) é um bom exemplo:

...mostra-me o rosto, faze-me ouvir a tua voz, porque a tua voz é doce, e o teu rosto, amável.

(CÂNTICOS 2:14)

O rei Salomão foi um grande poeta que soube conquistar suas mulheres, pois sabia como chegar a seu coração. Lembrem-se também que nem sempre o homem tem que ser o único romântico, as mulheres também deveriam ser. Quero que saibam que ainda que o homem não seja muito sentimental, isso não significa que não gostemos que sejam românticas conosco. Claro que nossa maneira de ver as coisas é um pouquinho diferente da das mulheres, mas sim, gostamos de que nos deem um pouco de romance.

PLANEJE UM DIA ROMÂNTICO

Lembro-me da vez em que, trabalhando para o Banco da América, minha esposa planejou um fim de semana fora da cidade, me sequestrando no trabalho para comemorar meu aniversário. Ela planejou a maneira que ia me tirar do trabalho e, para isso, falou com minha supervisora e contou a ela seus planos. Então, na sexta-feira ao meio-dia, veio me buscar para almoçar com ela. Sem que eu imaginasse, já tinha no porta-malas do carro, uma mala com roupas para o fim de semana.

Depois do almoço, tapou meus olhos e disse que eu não me preocupasse com o trabalho, que já estava tudo planejado e que tinha uma surpresa para mim. Me levou a um hotel à beira do mar, o quarto estava lindo, pétalas de rosas em cima da cama e um prato de morangos cobertos com chocolate. O restante não posso contar, mas podem usar sua imaginação. Isso foi muito romântico para mim. O certo é que levantar-nos pela manhã, tomar o café da manhã na cama vendo as ondas do mar através da janela e sentir o vento acariciar nossos rostos, isso superou em muito o romance.

Precisamos ser aventureiros, ter imaginação para poder encher o coração com aventuras amorosas. Podemos aprender a maneira de ser românticos vendo filmes românticos, lendo livros românticos ou escutar nada mais que o palpitar do coração da pessoa amada. Muitos pensam que o tempo do romance é durante o namoro. Creem que o romance morre logo depois da conquista. Esse é um grande erro, o maior na vida de um casal. O romance nunca deve ser apagado. O romance é o que mantém a chama acesa, o que alimenta o amor. O romance é o combustível da intimidade, a dinamite da sexualidade e o laço que nos mantém juntos.

APRENDA A SER ROMÂNTICO

Aprenda a ser romântico e demonstra que é com sua forma de ser, sua forma de falar e até com sua forma de amar. O romance vem em diferentes formas e tamanhos, com diferentes tons e sons, em diferentes maneiras e expressões. O romance é uma ação, uma expressão, uma maneira de demonstrar o amor pela outra pessoa de uma maneira diferente cada vez.

O romance é uma canção que pode levar a outra dimensão. É uma ação que pode mudar sua direção. Quando somos românticos, aprendemos a ser sensíveis com o coração de nosso par. Um casamento sem romance é só um casal de amigos e nada mais. Por isso é tão importante que se dedique um tempo fora da agenda para sair para caminhar com seu par. Então, de mãos dadas, abrir o coração um ao outro.

Não se precisa de dinheiro para ser romântico, não é necessário ter um carro. Para ser romântico não é necessário esforçar-se muito. A única coisa imprescindível é um coração cheio de amor e ideias.

OS "LADRÕES DO ROMANTISMO"

Bem, o que pode destruir o romance? Quero dar a você uma lista de fatores que têm destruído o romance nas últimas décadas. Os chamo de "ladrões do romance".

Na verdade, temos permitido que o romance se apague me nossos casamentos por ignorância e falta de prioridade no casal. Temos colocado em nossos quartos telas de televisão para usar nosso tempo assistindo filmes e programas que não nutrem nossa intimidade. Gastamos nosso dinheiro em uma TV de 45 polegadas, mas nos custa investir dinheiro saindo a um lugar romântico. Temos dinheiro para ter o melhor celular, estar na moda, ter um carro do ano e três diferentes empregos para poder pagar todas as dívidas em que nos metemos, mas nunca há tempo nem dinheiro para investir no casal. Estão sempre cansados, ocupados, sempre procurando a desculpa de que as crianças não os deixam, ou que podem deixar para a próxima semana e nunca chega o dia do romance.

COMO DESFRUTAR O ROMANCE

O romance pode ser desfrutado de diversas maneiras, em casa ou longe de casa. Lembre-se de que o romance não tem nada a ver com o ato sexual, mas com a sensibilidade e a paixão de compartilhar um amor puro e nobre. O romance nasce da alma. É um ato de emoção. É um momento apaixonado e motivado. O romance não tem um preço, é algo espontâneo e o combustível do amor. Considere o seguinte:

- ❑ O momento do romance deveria ser agradável para ambos;
- ❑ Exige investimento e criatividade da ambas as partes;
- ❑ Toma tempo e vontade própria;
- ❑ O romance ajuda a preparar a atmosfera para uma noite íntima.

Quando o casal desfruta do momento, quando se alegra na companhia um do outro, isso indica um crescimento amoroso e apaixonado. O romance é para ser desfrutado não para deixar-nos entediados. Nunca permita que os assassinos do romance o destruam.

O CLIMA DE ROMANCE

O romance chega a ser o que você desenha nos dois. O romance é o momento, o clima da noite, o perfume no ar e o sorriso que demonstra o frescor e a doçura do amanhecer. O romance causa um calor, um momento ardente e melosos. O romance é a porta para a intimidade, o esplendor do sol para a alma, a luz da lua no meio da noite.

O clima do romance se converte na atmosfera que inunda o lugar onde dois corações se unem em acordo e enchem qualquer vazio que exista na alma. O clima de romance é o lugar que escolhem para desfrutar das palavras que refrescam o paladar de ambos. É o tempo, a hora e o momento separado para entender e compreender o mais íntimo de seu cônjuge. O clima do romance se transforma em suas palavras de amor que comparte com seu cônjuge, conseguindo alcançar o mais profundo de seu coração:

Eis que és formosa, ó querida minha, eis que és formosa; os teus olhos são como os das pombas. Como és formoso, amado meu, como és amável! O nosso leito é de viçosas folhas, as traves da nossa casa são de cedro, e os seus caibros, de cipreste.

(CÂNTICOS 1:15-17)

O clima de romance se converte, sem dúvidas, nos pensamentos agradáveis que passam por sua mente para desfrutar do momento.

OS DOIS DEVEM SER ROMÂNTICOS

O romantismo não só deveria se limitar o homem, deve estar presente nos dois. O homem é quase sempre o iniciador, o guia, a cabeça, mas a mulher também deveria iniciar o momento, a noite ou o ato. Creio que no casamento os dois deveriam ser românticos e estar loucamente apaixonados. Os dois têm muito a oferecer na relação. Em algumas ocasiões, o homem será o iniciador do momento, pois talvez ela tenha tido um dia difícil e muito ocupado em seu trabalho.

Em outros momentos ela será a iniciadora porque ele teve um dia pesado e cansativo. Virão também dias em que os dois terão novas forças e um grande apetite sexual, uma energia explosiva de poder estar juntos em um lugar escuro onde os dois possam expressar-se de uma maneira agradável e romântica. Quando os dois são românticos, é muito mais fácil manter a chama acesa e o jardim cultivado. Aqui estão alguns pontos para praticar:

- ❑ Troquem a vez de quem vai iniciar o romance;
- ❑ Procurem um lugar diferente para cada saída;
- ❑ Surpreendam seu cônjuge com algo romântico como um poema ou uma flor;
- ❑ Escolham um dia da semana para estarem juntos sem visitas ou sem os filhos;
- ❑ Pratiquem o galanteio sem fazer amor.

Estes pontos ajudam a estimular o desejo de poder ser romântico e amoroso, a fim de edificar a relação entre marido e mulher. No próximo capítulo, vou ensinar-lhes a manter a "chama acesa". Também lhes mostrarei os segredos do amor que precisam aprender para ter um casamento saudável.

...mostra-me o rosto, faze-me ouvir a tua voz, porque a tua voz é doce, e o teu rosto, amável.

CÂNTICOS 2:14

CAPÍTULO 5

MANTENHA A CHAMA ACESA

Como o fogo devora um bosque e a chama abrasa os montes,

SALMOS 83:14

Uma chama de fogo traz calor aos que estão ao seu redor. A chama não só deveria estar acesa quando fazemos amor, deveria estar sempre acesa para acender a qualquer momento ou em qualquer situação.

A chama do amor se mantém acesa através de carícias, ternura, intimidade sexual, abraços, beijos, tempo juntos, compreensão, comunicação. Então, ao depositar no ser amado aquilo que necessite ou busque, enche qualquer vazio entre os dois. A chama é a fonte de energia romântica que existe no casal. Quando a pessoa mantém a chama acesa, sempre haverá sensibilidade às necessidades do casal. Quando a chama se apaga, todo o restante se apaga.

Por exemplo, quando minha esposa e eu estamos em uma consulta matrimonial e vemos que não há comunicação ou compreensão entre o casal, podemos detectar que se apagou a chama. Ainda que tenham relações sexuais, isso não significa que seja um ato amoroso, somente uma satisfação sexual, em um lugar de intimidade sexual. O ato sexual é para satisfazer o desejo da carne, não para satisfazer o coração. A intimidade sexual é entrar no coração ao expressar o amor de maneira íntima à pessoa antes de entrar no ato principal. O ato de fazer amor deveria durar pelo menos trinta minutos, enquanto *fazer sexo* dura uns cinco minutos. Quando a chama está acesa, não queremos que o momento termine, porque os dois corações estão conectados no mais íntimo do ato.

A chama nos leva a explorar o corpo do nosso cônjuge, a entrar em outra dimensão. Isto contribui para que o orgasmo que a mulher experimenta alcance um clímax total que lhe provoca calafrios em todo o corpo. Do mesmo modo, ajuda ao homem a manter uma melhor ereção durante o ato e possa experimental prazeres maiores no corpo.

A CHAMA E SEU COMBUSTÍVEL

Agora quero que entenda que não podemos amar sem que exista uma chama. A chama é o combustível de algo íntimo. Por exemplo, o Espírito Santo é o combustível para o crente, é a chama de fogo que nos move e nos preenche. Do mesmo modo, existe uma chama no coração que prende os outros piloros da relação íntima entre marido e mulher.

O amor pode manter-se com emoção ou devoção. Quando o amor se mantém com emoção, se transforma em "querer", e querer não é o mesmo que amar. Querer é alegrar-se enquanto amar é sofrer. Há casais que se querem, mas não se amam, porque se apagou a chama. Quando amamos com devoção é porque existe uma inclinação ou afeto especial que ajuda a manter a chama acesa.

A chama nos ajuda a sermos românticos, sensíveis às necessidades de nosso par, criativos na relação. Além disso, nos permite respeitar e honrar à pessoa que mais amamos na vida. Efésios 5:33 nos diz:

Não obstante, vós, cada um de per si também ame a própria esposa como a si mesmo, e a esposa respeite ao marido.

EFÉSIOS 5:33

Paulo é muito claro em como deveríamos nos comportar como casal, em como o homem deveria amar a sua mulher. "Maridos, amai vossa mulher, como também Cristo amou a igreja e a si mesmo se entregou por ela" (Efésios 5:25). Então, se a chama não está acesa, o amor se transforma em "querer" e o respeito desaparece na relação. A chama do amor se apaga no casamento quando:

- ❑ O respeito desaparece;
- ❑ Não há romance, nem compreensão, nem comunicação;
- ❑ Há mais desculpas que carícias e não há tempo para os dois;
- ❑ Dormem em camas separadas;
- ❑ Dedicam mais tempo aos amigos que ao cônjuge.

A forma de manter a chama acesa é investindo tempo na pessoa que mais ama. Por isso, considerem as seguintes diretrizes que lhes dou para que mantenham a chama acesa:

- ❑ Aprendam a orar e fazer devocionais juntos;
- ❑ Separem um tempo a sós para falar e conviver;
- ❑ Aprendam a fazer amor e não somente sexo;
- ❑ Sejam criativos na intimidade;
- ❑ Expressem carinho e respeito mútuo;
- ❑ Aprendam a suprir as necessidades de ambos;
- ❑ Sejam românticos, ternos, amáveis, carinhosos e compreensivos;

Não há nada mais belo que ter uma relação saudável ao manter a chama acesa. O romance não é eficaz sem a existência de uma chama. Sei que para muitos, isto não é novo ou um pouco difícil de digerir, pois nossos pais nunca nos deram este tipo de ensinamento. Há, inclusive, pessoas que nunca tiveram uma conversa sem rodeios sobre a relação sexual devido a que se considerava algo privado ou sujo.

Existem poucos ensinamentos referentes ao tema, pois ninguém quer tocar algo que tem sido um tabu em nossa sociedade. O inimigo o tem contaminado e o tem coberto de mentiras e vulgaridades para que os filhos do Senhor não o toquem. Entretanto, hoje lhes digo que Deus criou o amor e a sexualidade como algo belo e puro.

O QUE APAGA A CHAMA

Agora quero que saibam que ver pornografia não ajuda a manter a chama acesa. O que a pornografia acende é a lascívia e a imoralidade sexual. Contamina a pureza da intimidade sexual, destrói a pureza e o amor e causa que entre suas vidas o desejo de experimentar coisas fora do casamento. A pornografia causa separação entre marido e mulher, traz vergonha e culpa, desenvolve uma mente perversa e um coração sujo. A pornografia fortalece o ato sexual, mas enfraquece a intimidade sexual. Não há melhor relação sexual que uma relação pura, limpa e livre de perversão. A Bíblia nos diz em Hebreus 13:4:

> *Digno de honra entre todos seja o matrimônio, bem como o leito sem mácula; porque Deus julgará os impuros e adúlteros.*

A palavra mácula significa "mancha", o que nos indica que a cama deve ser um lugar santo e honroso diante de Deus, ou seja, sem pecado ou infidelidade pois "Deus julgará os impuros e adúlteros". Esta última parte do versículo anterior nos dá a entender que a infidelidade não é algo aceitável no leito conjugal, o a imoralidade e a pornografia representam. Então, afastem-se de outros casais ou pessoas que roubem seu tempo ou sejam uma má influência para suas vidas, de pessoas que sejam negativas e pessimista. Este tipo de pessoa quer que vocês sejam como ela, até o ponto de que, com o tempo, contaminem suas vidas e causem pecado dentro da união.

A má influência chega a ser como uma bactéria que contamina a confiança, a fidelidade, a lealdade e até a intimidade sexual. Um verdadeiro amigo respeita e cuida da união do seu casamento. Um verdadeiro amigo procura o bem-estar da amizade que existe entre amigos. Em troca, o amigo que não tem em conta o bem-estar do seu casamento, não é amigo. Seja essa chama que arda a cada dia por seu cônjuge. Saiba que essa chama faz com que você aceite a beleza e a formosura de seu par. Nunca permita que se apague a chama do romantismo, a chama do amor, a chama que os manterá ardendo pelo amor um do outro.

O QUE ACENDE A CHAMA

A chama se acende como um fósforo de paixão, com um carvão de ternura ou com um pouco de romantismo. Estas são nada mais que algumas das muitas coisas que ajudam a acender a chama em uma relação.

A chama tem vários propósitos em uma relação. Em primeiro lugar, a chama ilumina o caminho perfeito do casamento e é a luz que demostra que o casamento está vivo e saudável. Em segundo lugar, a chama traz um calor saudável à relação. Em outras palavras, faz com que a relação esteja quente e saudável, por isso protege o casamento contra o esfriamento ou o tédio devido às mentiras dos mitos deste mundo. Em terceiro lugar, a chama mantém a atmosfera aquecida, o lugar confortável, cômodo e sempre pronto para imprevistos.

Quando um casal não pratica os elementos do romantismo, ou não estão apaixonados na relação, isso faz com que a chama se debilite e se apague. Por isso, sejam românticos e apaixonados na relação. Procurem por formas de manter a chama acesa o tempo todo. Lembrem-se que a relação sexual é o calor da chama e a intimidade é a manifestação do fogo. O mais lindo em uma relação saudável é poder manter a chama acesa em todas as ocasiões, em todo lugar e a qualquer hora do dia. Isto revela que a relação se erga sobre um bom alicerce e tenha uma boa estrutura.

O CALOR DA CHAMA

A chama esquenta a alma e acende o apetite sexual. Quando estamos concentrados na intimidade, pode sentir o calor da chama. O calor da chama mantém o lugar confortável. Podemos notar quando não existe uma chama acesa em um casal. O comportamento dos dois é notável. São pessoas chatas, apagadas, insensíveis. E ainda mais, não existe interesse na relação, pois são pessoas egoístas insensatas, insensíveis, com falta de compreensão e ternura.

São pessoas que não estão apaixonadas ou que estão em uma relação por interesse, mas não por amor. A chama é a evidência de que os dois se amam e se respeitam. A chama é o fruto do amor e a manifestação do romance e da fidelidade.

O DESFRUTAR DA CHAMA

Podemos desfrutar da chama quando os dois estão de acordo e não existem barreiras nem inquietudes na relação. O desfrutar da chama é como o deleite de uma noite chuvosa e fria, deitados juntos, perto da chaminé, com uma xícara de chocolate quente, abraçados e tentando manter-se quentinhos debaixo dos cobertores. Quando desfrutamos da chama do romance é porque existe um amor eterno, um amor incompreensível. Como resultado, um busca satisfazer completamente ao outro.

No desfrutar da chama do amor há um preço a pagar, um sacrifício, uma entrega total. Temos que lembrar-nos que é preciso guardar e proteger um pacto que foi feito no altar diante de Deus e muitas testemunhas,

A chama é acesa depois do compromisso que os dois estabelecem. Deus nos dá essa chama quando dizemos: "Sim, aceito, até que a morte nos separe". Portanto, a chama é um presente da parte de Deus. É um símbolo de unidade, de pacto, de começar uma nova vida juntos, a fim de desfrutar a chama em suas vidas. Quem não desfruta da chama é porque tem outros planos mais importantes que o casamento.

O QUE ACONTECE SE A CHAMA SE APAGA?

Quando um casal entra em nossos escritórios para aconselhamento matrimonial, a primeira coisa que minha esposa e eu analisamos é o contexto do comportamento dos dois. Examinamos bem o problema e as desculpas que usam para justificar a decisão de divorciar-se. Na maioria das vezes, podemos ver que a chama se apago devido à infidelidade. Em outros casos, se apagou por falta de compreensão, de atenção ao amor e de cuidado com a relação. Ninguém quer assumir a responsabilidade da causa que fez com que a chama se apagasse. Quero contar-lhe a história de um casal que veio ver-nos para dizer que já não havia nenhuma esperança para conservar o casamento. Era um casal jovem, casado há vários anos. De acordo com eles chegaram a fazer o impossível para serem felizes, mas não conseguiram. Não havia infidelidade, não existiam outros amores, o único problema é que não souberam manter a chama acesa. Os dois fizeram o acordo de terminar a relação porque o amor tinha sido apagado. Eu não queria aceitar tal desculpa. Este casal não tinha as instruções específicas nem o alicerce necessário para salvar a elação. No mesmo instante, o Senhor colocou em meu espírito uma pequena ideia que dei aos dois no mesmo momento.

_Vocês creem que exista uma pequena gota de amor nesta relação? _ perguntei.

O dois se olharam nos olhos e viraram para mim com a mesma resposta:

_ Sim, nada mais que uma gota muito pequena.

_Isso é tudo que Deus precisa _ respondi com um sorriso no rosto. Disse a eles que não era o fim, mas sim o início de algo novo que Deus ia fazer em suas vidas. Então pedi que eles se separassem por seis meses para que, durante esse tempo, tivessem encontros uma vez por mês e fossem a um lugar romântico, onde iniciariam uma relação de bons amigos. Não podiam beijar-se nem ter relações íntimas. No fim da noite, ele tinha que levá-la à sua casa e despedir-se sem poder tocá-la. No fim do terceiro mês, os dois voltaram a meu escritório para ter uma entrevista de muita urgência. Me contaram que durante os três meses, não puderam aguentar a separação. No transcurso dessas três vezes que saíram, no final de cada noite foram a um hotel para reviver a chama que, segundo eles, estava apagada. Durante os três meses perceberam que havia amor, mas não sabiam como manter essa chama acesa. Nesse dia em meu escritório, renovaram seus votos e prometeram reedificar sobre um novo alicerce e uma nova vida em Cristo. Sete meses depois se converteram em pais de uma linda menina que transformou suas vidas para sempre. Se você pensa que a chama se apagou em sua relação matrimonial, será sábia a decisão de procurar um conselheiro cristão que lhes ajude. Lembre-se de que o amor deve ser "Como o fogo devora um bosque e a chama abrasa os montes" (Salmos 83:14) e que nada é impossível para Deus.

CAPÍTULO 6

SEJA SENSÍVEL AO AMOR

Beija-me com os beijos de tua boca; porque melhor é o teu amor do que o vinho.

CÂNTICOS 1:2

Em muitas ocasiões, a palavra "sensível" tem certa conotação de fragilidade. O significado que podemos encontrar no dicionário da palavra sensível é algo "que pode ser conhecido por meio dos sentidos", o que inclui ou expressa um sentimento. Em qualquer relação existem os sentimentos positivos e os negativos, de modo que em um casal casado é muito importante que ambos os cônjuges sejam sensíveis ao coração ou aos sentimentos mútuos. Os sentimentos se manifestam da maneira de sentir-se, então temos que ser sensíveis aos sentimentos da outra pessoa.

O homem, por exemplo, não é muito sensível às necessidades da mulher, muito menos a seus sentimentos. Em 1 Coríntios 13, o apóstolo Paulo nos ensina como deveríamos ser sensíveis com o amor, pois "tudo sofre, tudo crê, tudo espera, tudo suporta" (v.7). Então, não podemos descuidar nem negligenciar o poder que existe atrás do amor. Em outras palavras, é preciso entender a importância de ser sensível ao amor.

A sensibilidade não nasce, é forjada no processo do sacrifício. Nestes trinta anos que minha esposa e eu temos de casados, tenho aprendido a ser sensível ao seu coração. A sensibilidade se revela no cuidado que se tem com a outra pessoa. Raquel e eu temos aprendido a proteger o nosso coração através de nossas palavras e nossas ações. Se dissesse algo que, por exemplo, faça doer o coração de minha esposa, isto provocaria separação emocional. Se dissesse algo que trouxesse frustração à sua vida, isto afetaria o resultado de nossa intimidade. Minhas ações podem causar o mesmo efeito que minhas palavras. Por isso eu, como homem, tenho que ser mais sensível a ela devido ao fato de que as mulheres funcionam mais de acordo com suas emoções do que os homens. O homem é mais duro e mais forte de coração que a mulher. A mulher, por outro lado, é mais sensível, mais suave e mais nobre que o homem.

A SENSIBILIDADE TRAZ SEGURANÇA

Uma relação não pode suportar as aflições da vida matrimonial se somente um dos dois é guiado pela mente e o outro pelo coração. A sensibilidade traz segurança. Minha esposa me disse uma vez que o que busca em mim é segurança. A segurança é a certeza, a garantia, do meu amor por ela. A segurança chega a ser um dos frutos do amor. A segurança é o cadeado do coração, mas a chave está na sensibilidade ao amor. Você pode dizer "Te amo", mas a forma de demonstrar o amor não se encontra no ato sexual, mas em ser sensível ao coração da pessoa. Quando se é sensível ao coração de seu cônjuge, o resultado é uma noite inesquecível no quarto.

Na Bíblia encontramos uma instrução perfeita para os maridos:" Maridos, vós, igualmente, vivei a vida comum do lar, com discernimento; e, tendo consideração para com a vossa mulher como parte mais frágil" (1 Pedro 3:7).

❑ *Com discernimento*: "Sensatamente, com capacidade de compreender situações, de separar o certo do errado, com sabedoria". Devemos chegar ao coração da mulher com "sabedoria", que é o mais alto grau de conhecimento.
❑ *Tendo consideração*: Esta declaração me diz que devo respeitar e reconhecer sua posição como mulher.
❑ *Parte mais frágil*: devo reconhecer seu coração sensível.

Quando somos suaves, ternos, amorosos, carinhosos, amáveis e respeitosos, demonstramos com estas ações nossa sensibilidade ao amar. Claro, não somente o homem tem a responsabilidade de ser sensível ao coração de sua mulher, a mulher tem também uma grande parte neste assunto.

Quando falamos de "sensibilidade", é evidente que o homem é um pouco diferente. Devido ao fato de que nós homens somos mais duros de coração, não demonstramos tanto nossas emoções. A maior parte dos homens demonstra suas emoções com o silêncio, enquanto as mulheres demonstram com lágrimas. Outros homens demonstram suas emoções com violência e agressividade, e isto é porque não sabem controlar suas emoções. O homem usa sua masculinidade e suas forças para demonstrar seus sentimentos, a mulher usa sua sensibilidade e suas emoções. O apóstolo Pedro nos diz que é preciso honrar a mulher "como parte mais frágil", já o apóstolo Paulo nos diz que ao homem se deve amar e respeitar:

No entanto, também quanto a vocês, que cada um ame a própria esposa como a si mesmo, e que a esposa respeite o seu marido.

EFÉSIOS 5:33 – NAA

Quando a mulher respeita o seu marido, demonstra sensibilidade ao coração

dele. Mulheres, lembrem-se que o homem é a cabeça da relação, deste modo, dando ao marido a posição como cabeça, conseguem chegar ao coração do homem.

OBSTÁCULOS NA SENSIBILIDADE

A sensibilidade ao amor se revela ao demonstrar ao homem que ele governa o lar. Quando isso ocorre o homem demonstra todo o amor que sente por sua mulher. Então, o que impede a manifestação da sensibilidade? Considere o seguinte:

- ❑ A sensibilidade não pode funcionar sob o orgulho;
- ❑ A sensibilidade não pode funcionar sob o ciúme;
- ❑ A sensibilidade não pode funcionar sob o medo;
- ❑ A sensibilidade não pode funcionar sob a infidelidade;
- ❑ A sensibilidade não pode funcionar sob o passado.

Estes são, sem dúvida, obstáculos que não nos permitem ser sensíveis ao amor. Não podemos ser sensíveis ao amor levando uma raiz de amargura ou ressentimento do passado. A fim de serem eficientes na hora de ser sensíveis ao amor, é necessário primeiro limpar o coração de toda ferida causada por palavras ou ações que lhe expressaram o oposto à relação. Não se pode depositar amor em um coração ferido, não se pode prometer algo se ainda existe desconfiança, não se pode demonstrar um afeto de amor sem antes demonstrar um coração arrependido. Enfim, não se pode pensar que tudo está bem se não houve perdão.

O QUE SE PERDE NA RELAÇÃO

Muitas de nossas consultas em meu escritório nos revelam, a mim e à minha esposa, a falta de sensibilidade que existe entre os casais. Se perdeu o respeito, se perdeu a sensibilidade de amar com o coração e não com a mente. Se perdeu o ser sensíveis ao amor. Lembrem-se que somos sensíveis quando podemos sentir de maneira física e moral. "Sentir" é como o "tato" dos cinco sentidos, pois na relação é necessário poder chegar ao coração da pessoa amada e "tocar" suas emoções. As emoções são a manifestação do que sentimos no coração. Os sentimentos são os afetos, a ação de sentir. Se você não pode sentir os sentimentos de seu cônjuge, é possível que não tenha conseguido chegar ao seu coração.

Muitas relações são superficiais, pois todas as suas ações são externas, não internas. Sabem chegar às necessidades externas, mas não sabem chegar às internas. Por exemplo, um abraço ou um beijo é uma necessidade externa, mas se o homem consegue ter um tempo a sós com sua esposa em um ambiente romântico e pode expressar seu amor com palavras suaves e amorosas, terá conseguido chegar ao mais sensível de seu coração.

A relação sexual é um bom exemplo da sensibilidade ao amor e é uma expressão externa onde a satisfação está limitada. A relação sexual é um desejo mental, não um desejo do coração. Entretanto, é um ato sensível, profundo e duradouro. A relação sexual toma seu tempo, procura suprir a necessidade do seu cônjuge, não a própria. A exploração e o ato de fazer amor trazem gozo que satisfaz aos dois. Isto é ser sensíveis ao amor. O amor tudo suporta, é sensível, é amável, é carinhoso, é paciente, é o fundamento principal de uma relação. Quando somos atenciosos e cuidadosos, somos sensíveis ao amor em todo o tempo. O amor se expressa de muitas maneiras, mais antes de tudo se mostra ao transformar-se na raiz da felicidade.

COMO POSSO SER SENSÍVEL?

Nem todos nascemos com sensibilidade ao amor. O amor nasce e se desenvolve quando o praticamos. Os sentimentos estão conectados à alma, às emoções, que se conecta com o coração. O ser humano é tripartido, pois tem espírito alma e corpo. Todo ser humano tem sentimentos, mas não todos sabem expressar as emoções. O amor, por exemplo, é um sentimento intenso que precisa da emoção para manifestar-se. Quando conectamos estes dois elementos, nasce a sensibilidade dentro do coração.

Em meu caso, sou sensível às necessidades da minha esposa porque a amo. Isto indica que, devido a que a amo com todo o meu coração, meus sentimentos por ela são verdadeiros. Isto quer dizer que minha responsabilidade como marido é cuidar do seu coração, da sua saúde, do seu corpo físico. Nós dois prometemos amar-nos na adversidade, na enfermidade, na riqueza ou na pobreza, até que a morte nos separe. Considere de novo o que diz o apóstolo Pedro:

Maridos, vós, igualmente, vivei a vida comum do lar, com discernimento; e, tendo consideração para com a vossa mulher como parte mais frágil, tratai-a com dignidade, porque sois, juntamente, herdeiros da mesma graça de vida, para que não se interrompam as vossas orações.

1 PEDRO 3:7

Através deste versículo, Pedro nos diz, a nós que somos casados, que sejamos sábios com nossas mulheres, que sejamos sensíveis a suas necessidades e que cuidemos delas da mesma maneira que cuidaríamos de um vaso frágil, pois não são qualquer coisa. Há muitos grandes princípios bíblicos que ajudam a fortalecer união entre marido e mulher, o problema é que nem todos querem buscá-los. Lembre-se de você é sensível quando está loucamente apaixonado por seu cônjuge.

A SENSIBILIDADE FORTALECE A UNIDADE

Um dos benefícios de ser sensíveis ao amor é que a sensibilidade fortalece a unidade. A sensibilidade une os dois e os sela com segurança. Quando sou sensível com minha esposa, Raquel, ela se sente segura ao estar ao meu lado, pois sabe que percebo suas necessidades. Isto fortalece sua confiança, pois sabe que nada mal virá a seu coração porque estarei ali para protegê-la.

Do mesmo modo, minha esposa é sensível às minhas necessidades e ao meu coração. Como pastor principal de nossa igreja e muitas outras responsabilidades que tenho em minha vida, ela é sensível para perceber como me sinto fisicamente, ou se preciso de tempo para descansar, se estou com fome ou se sinto falta de um pouquinho de amor e ternura. Quando cuida de mim e se preocupa com minha saúde e o bem-estar tanto físico como espiritual, isto me faz sentir mais apegado a ela como minha esposa e melhor amiga.

Separe um tempo de sua vida diária e pratique o ser sensível ao amor de sua vida. Seja sensível às necessidades de seu cônjuge, seja amável, demonstre carinho e compreensão e aprenda a escutar o coração de seu amor.

A FALTA DE SENSIBILIDADE ENDURECE O CORAÇÃO

Agora entramos em uma parte perigosa do campo da sensibilidade. O coração se endurece com a falta de sensibilidade ao amor. Uma pessoa que não protege o coração ou as necessidades de seu cônjuge, se converte em uma pessoa insensível, imatura e irresponsável com a unidade dos dois. Claro que existem muitos fatores que explicam por que se produz esse tipo de comportamento. Quem sabe isso se deva ao ambiente em sua infância, a maneira como a pessoa foi criada. Talvez se deva ao tipo de amigos com os quais anda. Como diz o ditado: "Diga-me com quem anda e direi quem és".

Há pessoas de personalidade forte e duras para compreender a importância de serem sensíveis em todos os sentidos. Então, quando a pessoas não é sensível ao amor, começa a estabelecer uma barreira que rechaça as carícias, a atenção e até os momentos a sós com seu cônjuge. Este tipo de comportamento faz com que o coração endureça e se torne insensível às emoções e, como resultado, ao amor.

O coração conhece a sua própria amargura, e da sua alegria não participará o estranho.

PROVÉRBIOS 14:10

Em muitas ocasiões, este tipo de comportamento faz com que a pessoa se afaste até o ponto de buscar uma saída para a relação. São pessoas infelizes, confusas e incapazes de amar. A pessoa com este tipo de comportamento precisa de ajuda imediata.

UM CORAÇÃO FERIDO NÃO É SENSÍVEL

Muitos casais que vemos em nossas consultas vêm com diversos problemas. Entretanto, quando vemos o quadro completo, nos damos conta de que existe um passado escondido. Se trata de uma etapa em que foram machucados e foram vítimas de maus tratos, abuso e até violação, o que levanta uma barreira e os impede de serem sensíveis ao amor.

Um coração ferido chega a ser infectado pela dor, rejeição, feridas profundas, amargura, ressentimento e falta de perdão. Estas coisas bloqueiam o fluir dos sentimentos pela outra pessoa, causando sequidão interna nas emoções e indiferença quanto às necessidades do casal.

Muitos casais se casam sem conhecer seu cônjuge realmente. Logo, uma vez casados, percebem que não é a mesma pessoa de antes. Então, decidem abandonar a relação, porque é o mais fácil a ser feito. Lembrem-se de que tudo tem solução. O que precisa essa pessoa é um bom conselheiro cristão que lhe ajude a romper laços, perdoar aos que causaram o mal e procurar a restauração debaixo do poder do Espírito Santo. O resultado, sem dúvida, será um casamento saudável e um novo coração que demonstrará sua sensibilidade ao amor.

CAPÍTULO 7

EXPRESSE O AMOR EM PÚBLICO

Ele me levou à sala do banquete, e o seu estandarte sobre mim é o amor.

CÂNTICOS 2:4 (NAA)

Uma das mais românticas chaves do amor que existem em uma relação é o poder expressar o amor em público. Lembrem-se que o amor não é uma expressão sexual, mas um dos frutos do Espírito. Como pessoa, mudamos com os anos, mas o amor nunca deveria mudar. O mais belo de um amor genuíno é o poder expressá-lo com liberdade. O amor não é uma expressão que foi feita só para o quarto, deve também ser expressado em público. Podemos expressar o amor de cinco maneiras diferentes: com o ouvido, com os olhos, com o olfato, com o paladar e com o tato. Posso expressar meu amor por minha esposa tocando seu cabelo, tocando sua face. Posso ver sua beleza da cabeça aos pés e desejar tê-la em meus braços. Posso abraçá-la e sentir seu perfume, o que provocaria um desejo íntimo com ela. Além disso, posso ouvir suas ternas palavras que alimentam meus sentidos por sua pessoa. Nem sempre o amor é expresso de uma só maneira, é necessário ser criativo.

O ESTABELECIMENTO DE UM MURO DE PROTEÇÃO

Quando alguém expressa o amor em público, cria um muro de proteção. Ao demonstrar em público que você ama a pessoa que está a seu lado, você fecha a porta para o inimigo. Além disso, declara que a pessoa que está a seu lado já tem dono, está comprometida, é feliz e não há uma porta de acesso para entrar em seu meio. Bem, entenda que quando você demonstra seu amor em público, cuida da relação constantemente. Além da proteção, é também uma demonstração romântica. Se andam de mãos dadas, se abraçam e se beijam os lábios em público, demonstram que existe uma relação íntima.

Toda vez que minha esposa e eu saímos para comer em um restaurante, nos damos conta de como os anos mudam as pessoas. Se é um casal de namorados, eles se sentam juntos, têm longas conversas, compartilham o mesmo prato de comida, tomam a mesma bebida e até dão de comer um ao outro. Com o passar dos anos, se sentam em lados opostos, as conversas são limitadas, não querem compartilhar o mesmo prato de comida, cada um tem sua própria bebida e nem sequer pode usar os mesmos talheres.

O que aconteceu com o primeiro amor? Lembre-se de que é muito importante a forma pela qual demonstramos o amor em público. O amor, o manifestamos com palavras ou com gestos. Não é algo tão difícil de expressar quando estamos apaixonados. Muitos casais não são muito expressivos em público porque têm a ideia de que o amor é algo privado, algo pessoal, algo que só é demonstrado na privacidade. Há também aqueles que têm vergonha de expressar seu amor em público porque foram educados em um ambiente muito severo.

Todas estas desculpas para o porquê de não expressar o amor em público podem ser eliminadas. Entenda que a expressão do amor é uma manifestação de seus sentimentos. Portanto, podemos expressar nossos sentimentos com palavras ou fisicamente. Não existe muita diferença entre dizer "te amo" em público e um beijo. Para alguns pode ser fácil, mas para outros pode ser um pouco difícil.

Aprenda a demonstrar seu amor em público usando seus cinco sentidos. Esqueça das pessoas que estão ao redor, ponha seu foco na pessoa que mais ama.

O AMOR É O ALICERCE

O amor é o alicerce de sua relação. Então, não deveria existir nenhum muro que detenha a livre expressão de seu amor por seu cônjuge. Lembre-se de que a vergonha é um fruto da insegurança e que a insegurança é uma manifestação de fraqueza. Não permita que a vergonha enfraqueça o alicerce da sua relação.

Por que ser como as gerações passadas que não demonstravam o amor em público? Por que esconder-se detrás de quatro paredes para expressar o amor? Jesus revelou seu amor ao expor-se em público sobre uma cruz, a fim de mostrar seu amor pela humanidade. Então, qual é o problema? Temos que ser exemplo para nossos filhos, demonstrar que o amor é algo puro e limpo diante de Deus. Entendo que para certas pessoas é um pouco incômodo até das as mãos e muito mais dar um abraço. Entretanto, é preciso que haja um começo, é preciso começar com, pelo menos, andar de mãos dadas. Depois, um abraço e, talvez, terminar a noite com um beijo terno e carinhoso. Entenda que a expressão em público rompe laços de gerações passadas e estabelece uma nova e fresca estrutura que beneficiará as gerações de seus filhos. Se o Senhor nos pode recompensar em público conforme vemos em Mateus 6:4, por que uma pessoa comprometida não pode recompensar seu cônjuge da mesma maneira? Não podemos viver em silêncio e não expressar diante de todos o amor que existe na unidade de um casamento centrado em Cristo. Como é possível poder expressar o amor de Deus por um irmão ou irmã em Cristo na igreja e não poder expressar o amor livremente com seu cônjuge em público? Eclesiastes 1:8 nos diz:

> *Todas as coisas são canseiras tais, que ninguém as pode exprimir; os olhos não se fartam de ver, nem os ouvidos se enchem de ouvir.*

Há muitas mulheres, por exemplo, que não gostam que seus maridos as toquem em público nem que as tratem com amor. Às vezes se chateiam pela forma em que seu marido se expressa com elas em público. Em várias sessões de aconselhamento com casais, minha esposa e eu podemos ver como em muitas ocasiões um dos dois não suporta o que vê ou escuta de seu cônjuge. Ou seja, lhes cai mal o comportamento amoroso em público.

Claro que é necessário impor limites em tal expressão amorosa, mas também devemos ter a liberdade de manifestar o amor sem nenhuma barreira. Não ajam como Adão e Eva que se esconderam da presença de Deus quando souberam que estavam nus. A expressão do amor em público não é um pecado, não há motivo para esconder-se de ninguém.

O CAMPO DE PROVA

Quando um casal expressa ou demonstra seu amor em público, revela várias coisas. Em primeiro lugar, mostra segurança na relação. Em segundo lugar, mostra confiança. Existem muitos casais que um dos dois é tímido na hora de demonstrar o amor em público. Também existem aqueles que não o demonstram porque foram ensinados que só deveriam demonstrar o amor de forma privada. Esta é uma das razões para que o pecado superabunde em nossa sociedade, pois o verdadeiro modelo de amor tem sido escondido por muitos anos.

Então, que tipo de exemplo estamos dando a nossos filhos? O amor é um meio que ajuda a moldar e edificar novos alicerces. O simples ato de andar de mãos dadas em um shopping center, dar um beijinho em seu cônjuge diante dos filhos, dar um abraço bem apertado em frente de uma cafeteria, revelam uma das expressões do amor.

Todas estas demonstrações chegam a ser uma prova de amor, uma certeza de que a pessoa que nos acompanha é a pessoa que queremos que todo o mundo saiba que amamos. Isto indica que a pessoa com quem estamos já tem dono, tem valores e que estamos completamente apaixonados. Não existe nada nem ninguém que possa intervir entre os dois porque a demonstração de amor é visível e respeitável. As mulheres buscam a segurança de seu marido e uma das formas que nós homens podemos usar para demonstrar-lhes nosso amor é expressando esse amor em público. Isso não só manifesta segurança, é também algo romântico para a mulher.

QUANDO EXIBEM O QUE CADA UM É

Quando o casal dá demonstrações de amor cm público, exibem quem são de verdade, pois são duas pessoas que...

- ❑ Se amam;
- ❑ Não se envergonham do seu amor em público;
- ❑ Estão seguros de seu amor;
- ❑ Demonstram sua liberdade de expressão.

Duas pessoas apaixonadas revelam o que são e o que serão. O amor é uma expressão que enche o ar com um perfume contagioso, pelo qual todos quisessem desfrutar de tal expressão. Quando minha esposa vê um casal jovem beijando-se em um momento romântico, me olha nos olhos pedindo que faça algo similar. Isto se deve a que, ao exibir o amor em público, isso contagia com muita rapidez, como se fosse uma bactéria. Mostrem o que são: duas pessoas casadas, apaixonadas, sem nenhuma preocupação como o que dirão, porque os dois só demonstram o que são, duas pessoas apaixonadas.

Quando marido e mulher demonstram seu amor em público, fortalecem sua unidade, mostram sensibilidade e devoção um ao outro, assim como também força e harmonia no mais profundo dos dois. Lembrem-se de que Deus uniu duas pessoas e as transformou em uma só carne. Então, é tempo de demonstrar amor em público.

CAPÍTULO 8

PERMANEÇA FIEL

Sê fiel até à morte, e dar-te-ei a coroa da vida.

APOCALIPSE 2:10

Fidelidade é lealdade, a observância da fé que alguém deve à outra pessoa; em outras palavras, é cumprir seu compromisso ou ser firme e constante em seus afetos. Existe um compromisso em manter a unidade no casamento, a qual se manifesta em proteger-se com amor e respeito um para com o outro.

A pergunta que muitos fazem em nossas conferências é a seguinte: "Qual é chave para permanecer fiel no casamento?". Hoje em dia há tanta liberdade na relação matrimonial que se tem baixado a guarda no que se refere à proteção da unidade entre marido e mulher. A tecnologia tem sido uma das armas que o inimigo tem usado para contaminar e destruir a união entre casais. Por exemplo, o Facebook, o Twitter, o Instagram, a internet, o envio constante de mensagens de texto por celular têm causado uma revolução explosiva na infidelidade entre casais. Portanto, temos que analisar bem a pergunta: "Qual é chave para permanecer fiel no casamento?". A resposta está na palavra "permanecer", isto é, defender, amparar e conservar algo em seu ser. O que minha esposa, Raquel, e eu vemos em nossas consultas é que os casamentos de hoje em dia não se mantêm em condições normais. A relação não é mantida. Se perdeu o respeito entre ambos, já não existe o cuidado de proteger-se de outras relações, não há credibilidade na união. São duas pessoas casadas, mas vivem separadas. Cada um tem sua própria vida, seus próprios amigos, a liberdade de fazer ou desfazer o que têm vontade. Os dois têm se descuidado e permitem que, com o tempo, o inimigo possa entrar e causar destruição. Para ilustrar o que acabo de afirmar, usemos o "Facebook", uma das formas mais populares de comunicação que existem hoje em dia para comunicar-se com milhares de pessoas. Há homens que têm mais amigas mulheres que homens. Não podemos, portanto, ignorar a ideia de que possa suceder algo nesta nova forma de amizade. Por isso a necessidade de proteger nossa porta de qualquer oportunidade que chegue à nossa vida.

COMO CUIDAR DO SEU CASAMENTO

Não ignoremos a possibilidade de que o inimigo possa usar um amigo para causar destruição. A comunicação na relação é muito importante. Você tem que aprender a ser muito franco com seu cônjuge. Aqui estão três passos que você deve dar para poder proteger seu casamento em tais oportunidades:

❑ Primeiro passo: Limite a amizade com pessoas do sexo oposto se não são amigas de seu cônjuge. Isto evita a possibilidade de cair em uma relação passageira e, também, fortalece a confiança entre ambos;

❏ Segundo passo: Os dois têm que compartilhar a senha particular para todas as entradas a sistemas de computadores, telefones celulares etc. Tal privacidade não existe em um casamento. Deveriam ser como cartas abertas sem tentar esconder nada. Isto fortalece o compromisso dos dois e fecha a porta para o inimigo.

❏ Terceiro passo: Não ande sozinho com ninguém do sexo oposto. Proteja-se de qualquer oportunidade que possa estragar sua reputação ou seu casamento. Tente ter pelos menos três pessoas cada vez que se reúnam.

Há muitos anos, me lembro que trabalhava para os escritórios centrais do Banco da América. Éramos cerca de dois mil e quinhentos empregados no edifício principal. Todos os meus colegas sabiam que eu era pastor, e tinha uma boa reputação por causa da minha conduta e bom testemunho. Então, um dia, chegou uma mulher ao escritório que, de acordo com o que dizia, era esposa de um ministro. Queria saber se podia dar a ela um conselho matrimonial. No início não vi nada de mau em dedicar-lhe alguns minutos no refeitório da empresa.

Para minha surpresa, me conta que a relação com seu marido não andava muito bem e que desejava ter um relacionamento comigo. Estremeci desde minhas entranhas e fiquei boquiaberto. Não sabia o que dizer a esta mulher, jamais tinha passado por uma situação assim. Neste momento, gritei por dentro: "Senhor, ajuda-me!". Imediatamente lhe disse: "Desculpa, mas sou muito feliz com minha esposa e não a trocaria por nada nem ninguém nesta vida. Você precisa falar com o seu pastor e explicar que tem problemas em sua relação matrimonial. Ele poderá lhe ajudar a fortalecer o seu casamento. O que penso é que você tem um bom homem, mas não sabe chegar ao seu coração".

Me despedi e fui direto para minha mesa. Peguei o telefone, liguei para minha esposa para contar o que tinha acontecido e lhe disse que podia discernir esse ataque, era do inimigo. Nesse momento, ela se sentiu um pouco incomodada, mas logo reconheceu que por ter sido sincero, não havia nenhum motivo para sentir-se mal. Deus trouxe paz sobre nós, o que nos fortaleceu de maneira sobrenatural.

Um mês depois recebi uma ligação da minha esposa no escritório e ela me disse: "David, você não vai acreditar no que acaba de acontecer. Um homem veio ao meu escritório um homem do meu departamento para dizem que quer ter um relacionamento comigo e me perguntou se havia alguma possibilidade de sairmos juntos no fim de semana". Me senti desconfortável com o que ela estava dizendo, mas, imediatamente, o Senhor me lembrou de minha situação um mês atrás. Nessa noite, minha esposa e eu pudemos entender o importante de sermos sinceros mutuamente. Minha esposa e eu temos conseguido superar muitos obstáculos em nossa vida matrimonial, não tem sido fácil, mas podemos reconhecer a importância de sermos sinceros em tudo o que fazemos. Isto me leva a uma chave muito importante em como permanecer fiel na relação. Mais que sinceridade, devemos ter o coração disposto a aceitar os erros de seu cônjuge. Você tem que saber como estabelecer confiança, ser sensível com a pessoa que ama, conhecer seu coração e enchê-lo com a certeza de que não existe nenhuma outra pessoa em sua vida. Lembre-se que não basta dizer, é preciso viver. Você tem que aprender a demonstrar de uma forma terna e eficaz. Também deve aprender a semear a mesma semente na vida de ambos, para que possam colher o mesmo fruto. Se você não semeia na vida de seu cônjuge, não espere pela colheita.

A fidelidade deve ser mútua, não só de uma parte. A infidelidade, por outro lado, não é somente ser infiel a seu cônjuge com outra pessoa, é possível que seja infiel também em muitos outros aspectos: o trabalho, o dinheiro, os vícios, os sogros e até mesmo os filhos. Sua vida matrimonial deve ser uma prioridade antes de qualquer coisa. Não permita que estas coisas destruam seu casamento pois a prioridade do tempo deve ser sempre para o seu cônjuge. Por isso, nunca permita que os outros roubem o tempo de estar juntos como casal e como família. Como resultado, poderão desfrutar de tempo com Deus e tempo para vocês dois.

SEJA FIEL

Na Bíblia encontramos uma exortação que devemos sempre recordar:

Sede vigilantes, permanecei firmes na fé, portai-vos varonilmente, fortalecei-vos. Todos os vossos atos sejam feitos com amor.

1 CORÍNTIOS 16:13,14

Quando uma pessoa diz para a outra "seja fiel", sempre respondem com outra pergunta: "Fiel a quê?". Antes de tudo, você precisa ser fiel a Deus. Cada vez que a sua fidelidade a Deus começa a diminuir, você vai perceber que a sua fidelidade ao seu cônjuge começa a cambalear. A chave para que seu casamento permaneça até que a morte os separe está em ser fiel ao seu cônjuge. Assim como a fidelidade chega a ser um pilar para a vida do crente, assim também o deve ser na vida matrimonial.

A fidelidade edifica e sustenta a vida de um relacionamento. A fidelidade é como um fio de vida que continua crendo na cura e na reconciliação de um relacionamento que passou por um tempo difícil. Devido ao fato de que a fidelidade é tão importante em um relacionamento, dói muito quando não está em seu lugar. Por exemplo, quando um dos dois trai ao outro sendo infiel, isso causa uma dor que vai além de qualquer outro tipo de dor. Quando alguém lhe trai, isso lhe causa uma dor no mais profundo do seu ser e lhe causa raiva e decepção.

A única razão bíblica dada por Jesus para a dissolução de um casamento é a infidelidade ou, o que é a mesma coisa, falta de fidelidade, adultério e destruição da confiança. O motivo é que a fidelidade está no núcleo do casamento. Se a fidelidade não permanece na relação, nenhum outro aspecto do casamento poderá funcionar da maneira de Deus. Como você poderá comprometer-se com uma pessoa que é infiel a você? Como conseguirá se comunicar profundamente se você sabe muito bem que a pessoa está criando uma brecha na confiança e se torna uma situação desonesta?

Não podemos ter um casamento saudável sem a ajuda de Deus. Então, por que para Deus é tão importante a fidelidade? Porque quando decidimos por vontade própria ser fiel a Deus, Ele nos da a habilidade de ser fiel. A força de vontade para poder ser fiel já não está somente na pessoa porque agora a vontade de Deus está envolvida. Por meio do poder do Espírito Santo nos ajuda a permanecermos fiéis não somente em nosso caminhar diário com Ele, mas também em nosso caminhar com nosso cônjuge. Se você elimina a Deus em sua vida, você perde todos os privilégios que você tem nele. A Bíblia nos consola ao assegurar-nos:

Não vos sobreveio tentação que não fosse humana; mas Deus é fiel e não permitirá que sejais tentados além das vossas forças; pelo contrário, juntamente com a tentação, vos proverá livramento, de sorte que a possais suportar.

1 CORÍNTIOS 10:13

O QUE É A FIDELIDADE?

Fiel é a pessoa que é constante em seus afetos, no cumprimento de suas obrigações e não defrauda a confiança depositada nela. Por isso, uma pessoa fiel se mostra firme e categórico. A palavra "categórico" nos fala do que é "completo, preciso e rigoroso". A fidelidade é demonstrada quando você é categórico em sua lealdade, em seus afetos em sua criatividade para demonstrar tais afetos.

❑ Categórico em lealdade: Ser fiel é ser leal. Então, quando você se mantém firme junto à pessoa que ama, você será fiel, aconteça o que aconteça. Se você é fiel a seu cônjuge, será fervente, sincero e verdadeiro, ao mesmo tempo categórico em guardar suas promessas. Quando você é fiel, decide cumprir de forma rigorosa a promessa que fez a seu cônjuge antes de se casarem, assim como os votos e as promessas que fizeram um ao outro no dia do casamento. Claro que continuará fazendo o mesmo constantemente.

❑ Categórico em mostrar afetos: A fidelidade também implica em que seja firme na hora de mostrar seus afetos. Os que são categóricos se mantêm fortes, firmes e imutáveis para demonstrar seu afeto no casamento. Por outro lado, a pessoa afetuosa é paciente. Por exemplo, se você não é paciente e negligência o romantismo, é possível que não tenha uma boa relação íntima e satisfatória. A pessoa afetuosa também é persistente. Por isso, quando não sinta desejos genuínos de mostrar-se afetuoso no leito conjugal, verifique o motivo e mude as condições de sua vida para que amanhã tudo seja diferente.

❑ Categórico na criatividade: A fidelidade em seus afetos requer que você seja categórico em mostrar sua criatividade.

Se o que fizeram no passado para que ambos fiquem excitados já não serve hoje, experimentem algo novo. Não se limitem ao que podem fazer dentro do quarto. Se afastem da rotina e busquem coisas novas que possam ajudar-lhes. Se precisam de um conselho sobre como satisfazer um ao outro, busquem a ajuda de um conselheiro.

PADRÕES DA INFIDELIDADE

Existem diversos padrões de comportamento que se manifestam no casamento quando há infidelidade, seja do homem ou da mulher. Em primeiro lugar, a fidelidade se desenvolve em uma mente amarrada à imoralidade sexual que faz com que a pessoa procure fora de seu casamento uma relação passageira para satisfazer seus desejos sexuais. Em segundo lugar, a infidelidade é produzida naqueles que procuram abandonar o casamento porque a relação que têm está secando e estão cada vez mais distantes um do outro. Qualquer que seja a razão, tudo isto é adultério diante de Deus.

Ouvistes que foi dito: Não adulterarás. Eu, porém, vos digo: qualquer que olhar para uma mulher com intenção impura, no coração, já adulterou com ela.

MATEUS 5:27,28

Aqui Deus é muito claro quando nos fala do adultério. Inclusive, chega ao ponto de dizer-nos que, se olharmos para uma mulher ou para um homem, com cobiça, já cometemos adultério no coração. Quando alguém se entrega a seu cônjuge completamente, não deve desejar estar com outra pessoa. De acordo com Gálatas 5:19,21, nem o adúltero nem o que comete fornicação herdarão o reino de Deus:

Porque as obras da carne são manifestas, as quais são: adultério, fornicação [...] como já antes vos disse, que os que cometem tais coisas não herdarão o reino de Deus.

Agora analisemos alguns padrões de comportamento que manifestam as pessoas que cometem infidelidade:

- ❏ Falta de interesse na relação sexual;
- ❏ Desculpas para sair à meia noite;
- ❏ Chega tarde do trabalho;
- ❏ Se esconde para falar por telefone;
- ❏ Toma banho depois de chegar de um encontro;
- ❏ Não quer dar a senha do seu celular nem de seu computador;
- ❏ Não quer compartilhar a conta bancária;
- ❏ Mau humor;
- ❏ Muda seu estilo de vestir;
- ❏ Viagens longas que diz ser a trabalho.

Todos esses padrões chegam a ser sinais de infidelidade, de que talvez exista outra pessoa, o que está destruindo o casamento. Em tais casos, é melhor procurar ajuda profissional para descobrir o pecado e restaurar o casamento. Nem sempre um pastor pode ajudar nestas situações, pois nem todos os pastores estão equipados nem preparados para ajudar neste nível de problema.

AS CONSEQUÊNCIAS DA INFIDELIDADE

Na maioria dos casos de infidelidade, as consequências são destruição e divórcio. Não há nada pior do que ver a destruição de um casamento, ou de uma família, onde a infidelidade penetrou na união entre marido e mulher. As consequências sempre chegam a ser severas tanto para os cônjuges quanto para os filhos. Perdem tudo o que tinham construído. Perdem o respeito e a dignidade. Perdem as boas lembranças e os sonhos do casal.

A infidelidade deixa uma cicatriz no coração do cônjuge enganado, pois marca a vida com dor e desprezo, com vingança e dor. Uma vez que a pessoa é infiel aos seu cônjuge, sempre será infiel a qualquer outra que vier, porque isto é um laço que prende a alma que só Deus pode curar e libertar. A Palavra nos diz:

Digno de honra entre todos seja o matrimônio, bem como o leito sem mácula; porque Deus julgará os impuros e adúlteros.

HEBREUS 13:4

O pecado da infidelidade é morte para a sua vida

porque o salário do pecado é a morte, mas o dom gratuito de Deus é a vida eterna em Cristo Jesus, nosso Senhor.

ROMANOS 6:23

Portanto, traz a morte ao seu espírito, aos seus sonhos, a seu futuro e à relação que você tinha antes com o seu cônjuge.

A RESTAURAÇÃO DA INFIDELIDADE

Não é fácil restaurar um casamento onde houve adultério e infidelidade. Entenda a consequência do pecado, entenda a destruição que veio para o seu lar. Entretanto, o que acontece depois da tragédia? O que acontece depois da tormenta? Haverá restauração? Conforme as Escrituras, o adultério é o único motivo aceito por Deus para dar carta de divórcio:

- ❑ *Também foi dito: Aquele que repudiar sua mulher, dê-lhe carta de divórcio.*
  Mateus 5:31
- ❑ *E ele lhes disse: Quem repudiar sua mulher e se casar com outra comete adultério contra aquela. E, se ela repudiar seu marido e se casar com outro, comete adultério.*
  Marcos 10:11,12

Em outras palavras, o que abandona seu lar por causa de outro relacionamento, dá direito ao seu cônjuge a que lhe entregue carta de divórcio. Isto não quer dizer que tenha que dar-lhe carta de divórcio por obrigação, mas que tem o direito de fazê-lo se é seu desejo.

O ideal seria restaurar a relação e trazer restituição e restauração por meio da graça de Deus. Este tipo de restauração não pode ser feito sem a ajuda e a direção de um bom conselheiro cristão. As duas pessoas precisam passar por uma série de consultas a fim de curar e restaurar o casamento. Além disso, é necessário ajudar ao que cometeu o adultério que se livre de qualquer laço que lhe prenda a alma e romper qualquer direito legal dado ao inimigo.

CAPÍTULO 9

INVISTA TEMPO
NOS DOIS

**Tudo tem o seu tempo determinado, e há
tempo para todo propósito debaixo do céu.**

ECLESIASTES 3:1

A vida está cheia de investimentos. Investimos nosso dinheiro no mercado financeiro, nossa energia na academia de ginástica e nosso tempo nos esportes. Além disso, investimos em roupa, em carros, em celulares, em televisores, no cuidado com as mãos e os pés. Investimos em milhares de coisas diferentes na vida, mas poucas são as vezes em que investimos na vida com nosso cônjuge. É tão difícil investir na vida da pessoa que você mais ama? É incrível ouvir as queixas que chegam ao meu escritório de pessoas cansadas de viver com uma pessoa que não pode investir seu tempo na unidade do seu casamento.

Quero que você entenda que é preciso haver interesse para investir em algo. Da mesma maneira que investimos nosso dinheiro no banco e ganhamos um por cento de juros ao mês, assim também investimos na relação. A chave está no tamanho do depósito. Quanto maior o depósito, maior será o lucro.

Minha esposa é muito criativa e fanática no que diz respeito a ter tempo para se divertir comigo. Não há um dia que passe sem que ela queira que saiamos juntos para caminhar pelo shopping ou sentar-nos para ver um filme romântico, ainda que às vezes tente convencê-la a ver um filme de ação. Mas, o que ela deseja é que juntos tomemos um TEMPO. Por isso é tão importante investir tempo com o seu cônjuge. Quero que você entenda que tenho uma vida muito ocupada. Se não são reuniões com outros pastores, são reuniões com minha equipe de líderes e o pessoal da igreja, com atividades, convites a outras igrejas, conferências para casais, tempo de estudo, tempo de oração, cultos aos domingos, estudos bíblicos, reuniões com os oficiais de minha cidade etc. No final, não sobra tempo para minha vida pessoal. Entretanto, tenho aprendido a buscar tempo porque minha esposa é muito mais importante que qualquer ministério ou reunião.

COMO VOCÊ ADMINISTRA SEU TEMPO?

O problema que minha esposa e eu temos visto em muitos casais é que não sabem administrar seu tempo. Suas vidas são uma bagunça. Então, quando tentam encontrar tempo, não conseguem encontrar. É preciso saber administrar tanto o tempo com a família quanto o tempo para o casal, pois tudo tem sua ordem e sua posição. Vou mostrar a ordem de Deus com os seguintes passos:

1. Deus: o primordial em sua vida espiritual deve ser Deus, pois ele é quem lhe dá direção e instrução para tudo o que fizer na vida. Sem Deus, você não poderá ser um bom cônjuge.

2. Casamento: seu cônjuge é a seguinte parte integral de sua vida. Quando juraram um ao outro amor em seu casamento, fizeram um pacto entre os dois diante de Deus de que viveriam juntos conforme o que Ele ordenou para o santo estado do matrimônio. Prometeram amar, honrar, respeitar, ajudar e cuidar um ao outro na saúde ou na doença, na prosperidade e na adversidade, permanecendo fiéis até que a morte os separasse. Não deveria haver nada na vida que pudesse substituir esse pacto.

3. Família: se têm filhos, são os próximos na ordem de Deus. Os filhos não substituem os pais, nem o trabalho. Os filhos crescem e vão embora, o casamento continua sem eles. Você não deveria colocar seus filhos como prioridade antes de dar prioridade ao casamento. Lembre-se que o casamento veio antes dos filhos.

4. Trabalho: o trabalho é um ingrediente muito importante na família e no casamento, mas não é a base primordial. Muitos pensam que sem o dinheiro a família não funciona. Sinto muito, mas o amor tem mais valor que o dinheiro. O amor é o ingrediente que une a família, fortalece o lar e alimento o casamento. Os trabalhos podem mudar de um dia para o outro, mas uma família centrada em Cristo permanece para sempre.

5. Ministério: a igreja é uma grande parte da família e os ajuda a manter-se unidos e alinhado na vida cotidiana. A igreja ou o ministério não deveria substituir o tempo do lar. Por isso é que deveria existir um bom equilíbrio entre a igreja e a família. Se estão participando por mais de três dias em atividades da igreja e só têm um dia para a família, aí existe um desequilíbrio.

Esta é a ordem de Deus para um lar saudável. Quando o casal estabelece esta ordem e aprende a buscar tempo para investir em ambos, glorifica a Deus. Não deve haver nenhuma desculpa para que um casal casado não saiba investir tempo em ambos.

O INVESTIMENTO DO TEMPO

Agora darei a vocês algumas diretrizes para que aprendam a investir em vocês dois:

- ❏ Procurem ter pelo menos um dia na semana para os dois. Nesse dia, separem várias horas para ficarem juntos, sem as crianças. Tentem sair da rotina e procurem atividades que os dois possam disfrutar;

- ❏ A cada quinze ou trinta dias, de acordo com o orçamento, saiam para jantar em um lugar romântico. Tentem não convidar outros casais nem levar as crianças;

- ❏ A cada três meses, dependendo também do orçamento, tenham uma noite romântica em um hotel. Separem um tempo para dizerem um ao outro o quanto se amam;

- ❏ Invistam em férias anuais. Creio que todo casal e toda família deveriam dedicar um tempo fora, longe de todo o esforço que empregam durante o ano. Este tipo de atividade ajuda a fortalecer a unidade entre marido e mulher e os filhos.

Estabeleçam estas pequenas diretrizes e ponham em prática em seu casamento em favor do bem-estar de suas vidas. Não há nada melhor que fortalecer a unidade entre marido e mulher e a melhor maneira de fazê-lo é com o tempo.

QUANDO O TEMPO PASSA

O tempo é essencial. É um ingrediente, sem dúvida, de grande importância para o casamento. A vida está rodeada de tempo, de momentos especiais e de horas de investimentos. Nunca deveria existir um momento chato quando estamos felizes com a pessoa que amamos. Minha esposa e eu temos mais de trinta anos de casados e sentimos que o tempo passou. Nossos filhos já são adultos, cada um tem sua própria vida, já somos avós, viajamos por todo o mundo e temos uma linda congregação que nos ama e respeita muito. Minha pergunta é sempre a mesma? "Como pode o tempo passar tão rápido se parece que foi ontem que nossos filhos nasceram?" Ao ver como o tempo passa, fique atento:

❑ Não perca tempo com os amigos se seu cônjuge é seu melhor amigo;

❑ Não perca tempo trabalhando horas extras se a sua família precisa de você em casa;

❑ Não perca tempo com seus passatempos deixando de dar atenção ao seu casamento;

❑ Não perca tempo seu tempo, aprenda a investir o tempo nos dois.

Lembre-se de que de repente, quando você se der conta, já será muito tarde para recuperar o tempo perdido.

O que foi é o que há de ser; e o que se fez, isso se tornará a fazer; nada há, pois, novo debaixo do sol.

ECLESIASTES 1:9

O TEMPO NECESSÁRIO

De quanto tempo precisamos para ter um casamento saudável? Quanto tempo precisamos investir em um relacionamento para vivermos felizes?

Tudo tem o seu tempo determinado, e há tempo para todo propósito debaixo do céu:

ECLESIASTES 3:1

Lembre-se de que não se trata de quantidade de tempo, mas de qualidade de tempo. "Tudo tem seu tempo", diz o Pregador em Eclesiastes, mas a qualidade do tempo é a que restaura e a que edifica. Quanto tempo é necessário para construir um edifício de cinco andares? Tudo depende do investimento, do material, do tamanho e da estrutura. O melhor sempre leva mais tempo, mas o rápido e barato causa destruição no futuro. Não se apresse no relacionamento, tome seu tempo com o que você tem.

- ❑ Prepare bem seu relacionamento;
- ❑ Faça um plano;
- ❑ Estabeleça um bom alicerce;
- ❑ Alegre-se no momento.

Lembre-se de que o tempo vem e vai embora e, se você não planeja bem o futuro, sua vida será muito chata.

O TEMPO NUNCA ACABA

Muitos dizem "O tempo passou" ou "Já não tenho tempo". Então, se perguntam: "Como é possível não ter tempo se o relógio continua andando? Como pode o tempo ter passado por mim se eu não tenho aonde ir?" O tempo nunca acaba, o tempo continua pelo resto da vida. O tempo não tem data de validade, não tem fim. Por isso é preciso viver cada dia ao máximo, o amanhã não está prometido a nenhum ser humano. A Bíblia diz:

...aproveitando bem o tempo, porque os dias são maus.

EFÉSIOS 5:16 (NAA)

Não temos a menor ideia do que o amanhã nos trará. Não sabemos se estaremos vivos ou mortos. Por isso, temos que viver hoje como se fosse nosso último dia. Temos que viver o hoje de forma completa com a pessoa que amamos. O tempo nunca tem fim, mas nós sim. Aproveite a vida, o momento, a hora; alegre-se nos prazeres do casamento, invistam seu tempo juntos. Garanto que a vida terá mais para dar a você do que você tem.

CAPÍTULO 10

A IMPORTÂNCIA DE ESTAREM UNIDOS

> **Por isso, deixa o homem pai e mãe e se une à sua mulher, tornando-se os dois uma só carne.**
>
> GÊNESIS 2:24

Não é coincidência que no começo das Escrituras se mencione o primeiro casamento na história. Em Gênesis encontramos uma definição muito profunda que temos que entender sobre a palavra "une". A tradução do hebraico é "associar, sujeitar, unir firmemente, apegar-se, achegar-se, aliar-se, juntar-se". Se refere a duas pessoas que se unem pele com pele, rosto com rosto e chegam a ser uma só carne.

Sabia que em toda a criação de Deus só os seres humanos são sexualmente íntimos cara a cara? Entretanto é importante entender que "unir-se" é mais que algo sexual. "Unir-se também implica em uma união espiritual e emocional. Na verdade, esta passagem de Gênesis guarda silêncio para os homens. As mulheres se sentem amadas quando seus maridos se aproximam e expressam seu amor através de expressões físicas, não sexuais. No que se refere a "tocar", por exemplo, todos sabemos que o toque físico é uma forma de comunicar o amor emocionalmente.

Muitas pesquisas têm sido feitas no campo do desenvolvimento de crianças recém-nascidas, e têm chegado a uma grande conclusão referente ao *toque*. Crianças que são carregadas no colo, abraçadas e beijadas, desenvolvem uma vida emocional muito mais saudável que as que são deixadas sozinhas por longos períodos sem nenhum contato físico.

O mesmo acontece no casamento. O toque físico é um meio poderoso para a comunicação mútua no amor conjugal. O simples fato de caminhar de mãos dadas, beijar um ao outro a qualquer momento do dia, abraçar-se com frequência e até a intimidade sexual, são maneiras de comunicar esse amor emocional. Quero que entenda que para a maioria das mulheres o toque físico chega a ser uma forma de amor primordial. As esposas sempre se sentem seguras quando seus maridos as tocam.

Em Deuteronômio 24:5, vemos o que significa a proximidade no casamento.

Homem recém-casado não sairá à guerra, nem se lhe imporá qualquer encargo; por um ano ficará livre em casa e promoverá felicidade à mulher que tomou.

DEUTERONÔMIO 24:5

Pode imaginar o que este homem faria para alegrar a sua mulher? Esta passagem é muito fascinante porque nos mostra quão bem que o povo de Deus entendia os valores no que diz respeito ao casamento. Sabiam que o primeiro ano de casados era fundamental. Era muito importante estabelecer o alicerce da unidade no relacionamento antes de entrar no campo de batalha, antes das exigências de uma família, antes que começassem os problemas.

Sejamos um pouco realistas. Hoje em dia, talvez, as coisas sejam muito diferentes em comparação ao povo de Israel nessa época. Para um casal moderno não seria muito viável que estivessem juntos durante os primeiros anos sem que se separassem um do outro. O que sim seria possível é estabelecer um ambiente positivo cada dia. Me refiro a quando um chega em casa depois do trabalho. Porque estiveram separados durante o dia, os primeiros minutos são muito importantes para se reconectarem um com o outro, isto criará o ambiente para o resto do dia.

O problema ao querer implementar esta prática é o fato de que em nossa cultura atual a economia impõe que os dois têm que trabalhar. Isto causa um distanciamento ou uma separação por causa do cansaço e da fadiga. Apesar disso, estas coisas não deveriam diminuir a importância nem a necessidade de *tocar-nos*. Talvez você chegue em casa depois de sua esposa, mas a dinâmica básica da unidade ainda se ajusta a qualquer situação. Não há desculpas para que quando chegue em casa não beije a sua mulher, toque seu corpo, nem para que lhe diga que sentiu saudade durante o dia e que agora estava ali para ela. Homens, lembrem-se que as mulheres desejam ter conexão.

QUANDO A MULHER SENTE PROXIMIDADE

A seguir, darei uma lista de coisas que podem fazer para que a mulher se sinta próxima a seu marido.

A mulher se sente próxima ao seu marido quando ele...

- ❏ Pega na sua mão;
- ❏ A abraça;

❑ O marido é afetuoso ou carinhoso sem intimidade sexual;

❑ Separa um tempo para estar com ela, focando nela e na conversa;

❑ Saem para caminhar juntos;

❑ Ajuda a limpar a casa;

❑ A leva para jantar, só os dois;

❑ Faz elogios sobre sua pessoa e sua aparência;

❑ Conversam depois de fazer amor.

Todo homem deveria entender que estar perto de sua mulher não custa nada, só tempo e amor. Claro, h´ ocasiões nas quais dar um presente para ela ajudaria a selar certos momentos. Entretanto, isso depende do orçamento.

QUANDO O HOMEM SENTE PROXIMIDADE

Os homens, por outro lado, têm necessidades diferentes às das mulheres. Isto se deve a que os homens são muito diferentes delas. Aqui lhes dou uma lista de coisas que a mulher deveria fazer para que o marido se sentisse perto dela.

O homem se sente próximo à sua esposa quando ela...

❑ Senta-se no seu colo e sussurra em seu ouvido;

❑ Se despe em sua presença;

❑ Se deita sem pijama;

❑ Vai com ele a um jogo;

❑ Assiste um filme de guerra ou de ação com ele;

❑ O deixa jogar com seus amigos.

Toda mulher deveria entender que estar perto de seu marido não custa nada, só tempo e amor. Se olhamos bem, vemos que as necessidades dos dois são muito diferentes. No fim, todos buscam a mesma coisa, mas com *embalagens* diferentes. Aqui o problema principal é que nenhum dos dois comunica quais são suas necessidades. Então, se não se sabe o que ela gosta nem ela sabe o que ele gosta, os dois dão por certo que seu cônjuge sabe o que os dois gostam. Quando se dão conta do problema, começam a brigar porque nenhum dos dois pode preencher o vazio do outro.

Lembrem-se de que o amor é como uma semente que recebe sol e água. O amor é algo que alguém planta na vida da outra pessoa. Depois rega com água de palavras e de carinho. Logo permite que penetre o calor do apreço, o apoio e os raios de ânimo. Para nutrir o amor e conseguir que dê frutos, não basta fazer só uma destas três coisas. Se o casal pudesse investir no casamento dando estas três coisas ao relacionamento continuamente, lhes garanto que se alegrariam com seus frutos pelo resto de sua vida. A Bíblia nos diz:

Quem ama a esposa a si mesmo se ama.

EFÉSIOS 5:28

Em outras palavras, se todo marido amasse sua esposa e se entregasse à sua mulher, tal homem se amaria a si mesmo e receberia em troca uma mulher feliz e cheia de amor. Se o homem demonstra e põe em prática estes princípios, receberá o respeito de sua mulher.

A UNIDADE DA CORDA DE TRÊS DOBRAS

Temos que reconhecer que não se pode desunir o que Deus uniu. Não podemos ignorar que o inimigo procura pelos casamentos que estão firmados sobre a rocha, a fim de tentar causar dano ao nome de Jesus.

Entretanto, quando colocamos o nome de Deus no meio da relação, eliminamos a possibilidade de que o inimigo entre para atrapalhar e contaminar o que Ele uniu. O primordial de um casamento centrado em Cristo é que Ele reina na relação. Cristo chega a ser a terceira dobra da corda na relação, a qual não se pode romper.

...o cordão de três dobras não se rebenta com facilidade.

ECLESIASTES 4:12

A unidade chega a ser a propriedade do que se constitui um todo formado de partes concordantes. Estou falando de dois indivíduos que constituem uma parte de um todo, que formam uma identidade. Minha esposa e eu somos duas identidades diferentes, mas juntos formamos uma só identidade. O que nos une? O amor, nosso compromisso, nosso pacto e nosso Senhor Jesus Cristo. Um casamento não pode ser eficiente se estão separados ou desunidos em qualquer aspecto. Algo tão simples, mas tão comum, é ver no casamento estas divisões:

- ❑ Em contas bancárias;
- ❑ Por camas separadas;
- ❑ Ao saírem de férias separadamente;
- ❑ Quando os sogros controlam o casamento.

Estes são uns poucos exemplos de divisões que existem dentro de um casamento e que causam a destruição da unidade. A unidade eficaz é a que Cristo nos mostra em sua Palavra. Não se esqueça de que "a unidade fortalece o fundamento do núcleo do casamento".

A FRAQUEZA DESTROI

O inimigo procura o que é fraco para destruir. As pessoas malnutridas espiritualmente são fracas, o que se manifesta na insegurança, no que é indevido, no que é impróprio, na mentira e no pecado.

Quando um casal chega para uma consulta, nos primeiros minutos podemos identificar a fraqueza do casal. É muito comum ver que essa fraqueza destrói um casamento outrora saudável. A fraqueza aniquila você, lhe come vivo, leva você à derrota e à vergonha diante dos outros. Como resultado, a fraqueza faz com que você se dê por vencido, e lhe rouba a paz e sua própria segurança. Se você não está conectado com a Palavra de Deus, será vencido. Entretanto, quando Deus é parte de sua vida, o vencedor será você. Agora, considera o que a Bíblia nos diz:

Então, ele me disse: A minha graça te basta, porque o poder se aperfeiçoa na fraqueza.

2 CORÍNTIOS 12:9

Com isto, o Senhor nos quer dizer que quando somos fracos, Ele é forte. Além disso, temos o Espírito Santo que nos ajuda:

Também o Espírito, semelhantemente, nos assiste em nossa fraqueza;

ROMANOS 8:26

Tenha em mente que se você não aceita que não pode lutar sem a ajuda de Deus, sua vida será destruída. Então não dê lugar à fraqueza do que é negativo, para que o peso da destruição não caia em cima de você.

A FORÇA EDIFICA

Em Deuteronômio 6:5, a Bíblia nos ensina o seguinte:

Portanto, ame o Senhor, seu Deus, de todo o seu coração, de toda a sua alma e com toda a sua força.

DEUTERONÔMIO 6:5 (NAA)

Aqui você pode ver três elementos muito importantes para amar a Deus de maneira eficaz: "coração, "alma" e "força". A força se converte em potência, a magnitude e a estrutura desse amor. Um amor fraco não chegaria muito longe, pois as circunstâncias da vida o devorariam e as mentiras deste mundo o imolariam.

Lembre-se que a Bíblia nos diz que o amor "tudo sofre, tudo crê, tudo espera, tudo suporta" (1 Coríntios 13:7). Como o amor seria capaz de suportar o sofrimento sem força? Sem força, seria impossível tentar lutar, vencer, conquistar. A força é o motor da relação, e sem motor você não conseguiria chegar a nenhum lugar.

A força edifica, a força abre caminho, a força conquista tudo, a força nunca se dá por vencida. A força lhe ajudará a alcançar seus sonhos e a vencer suas lutas. Então, lembre-se que de que Deus é o que lhe pode dar força e retirar os obstáculos do caminho.

Deus é a minha fortaleza e a minha força e ele perfeitamente desembaraça o meu caminho.

2 SAMUEL 22:33

CAPÍTULO 11

FORTALEÇA A AMIZADE

Reconcilia-te, pois, com ele e tem paz, e assim te sobrevirá o bem.

JÓ 22:21

Raquel, minha esposa, é minha melhor amiga e tenho certeza de ela diria o mesmo de mim. Não somente isso, mas também o que somos no Senhor. No nosso casamento, a amizade anda de mãos dadas com nossa fé. Creio e estou seguro de que um relacionamento genuíno e um fundamento na fé chegam a ser o coração de todo casamento saudável.

Muitos casais vão para o casamento pensando que a base principal para um bom casamento é a relação sexual. Pensam assim: "quanto melhor é a relação sexual, melhor será o casamento; quanto mais relação sexual apaixonada e frequente, mais forte será o casamento".

Deixe-me assegurar-lhe que se você e seu cônjuge não conseguem ser amigos no casamento, ao longo do tempo deixarão de ter relação sexual. Há uma união de afeto e estima que é viral para o sustento de uma boa relação sexual onde essa intimidade oferece uma expressão de afeto e estimula o que já se sente. Uma boa relação sexual pode ou não gerar afeto e estima. Há muitas pessoas que muito frequentemente usam um ao outro como uma gratificação sexual. No fim, se estimam menos.

Através dos anos de aconselhamento, minha esposa e eu temos conhecido pessoas que, na realidade, não amam a pessoa com quem têm relações sexuais, só usam o seu cônjuge para satisfazer suas necessidades físicas e seus desejos sexuais. É muito comum vermos casais que não são amigáveis entre si. São casais frios, distantes, amargos, infelizes. A maneira que se tratam não é agradável pois, quando se falam, usam palavras sarcásticas e cortantes.

CARACTERÍSTICAS DE UM AMIGO

É muito importante desenvolver uma boa amizade entre marido e mulher. Então, quais são as características que quase sempre demonstra um amigo? Para responder esta pergunta, darei várias características que podem ajudar a edificar uma boa relação com seu cônjuge:

Os amigos...
- ❏ Separam tempo para estar juntos;
- ❏ Fazem coisas;
- ❏ Riem;
- ❏ Choram;
- ❏ Falam;
- ❏ Não guardam segredos entre eles;
- ❏ Se ajudam;
- ❏ Confiam um no outro;
- ❏ Não mentem.

Um verdadeiro amigo é uma pessoa que está apegada à outra pessoa mediante o afeto e a estima. Um verdadeiro amigo não é hostil, é um companheiro agradável, não maltrata, nem maldiz, nem deseja o mal a seu amigo. Um verdadeiro amigo sempre está ao lado de seus amigos, se põe a seu lado e não no lado oposto. Enfim, não existe competição na relação entre amigos. Um casal com forte oposição mútua não durará muito tempo nessa relação. Talvez não saiam de casa fisicamente, mas o farão emocionalmente. Talvez até cheguem a envolver-se com outras pessoas. Por outro lado, se distanciem de seu cônjuge e seu caráter mude, começando a ser uma pessoa calada, afastada e até deprimida. Talvez dedique mais tempo a seu trabalho ou a seus amigos e se afaste da família. Isto pode ocorrer tanto com o homem como com a mulher.

No geral, as esposas que se desassociam de seus maridos optam por ter mais tempo com suas amigas, sua mãe ou seus filhos do que com o marido. Inclusive, decidem afastar-se de qualquer ato sexual. Em um casamento saudável nunca deveria haver nenhum tipo de competição. Os casais começam a competir e nunca compartem. A competição chega a ser um assassino dos casamentos. Se trata de casais que buscam aplauso, reconhecimento, presentes, fama. Os cônjuges que têm espírito de competição entre si, raramente se sentem satisfeitos. Este tipo de pessoas sempre se sente rejeitadas, abandonadas e desprezadas. Além disso, se amarguram, se frustram, se aborrecem, geralmente se sentem insatisfeitas com a vida. A Bíblia condena fortemente estas atitudes quando fala da importância da unidade e do amor entre os crentes em Cristo Jesus:

❑ Longe de vós, toda amargura, e cólera, e ira, e gritaria, e blasfêmias, e bem assim toda malícia. Antes, sede uns para com os outros benignos, compassivos, perdoando-vos uns aos outros, como também Deus, em Cristo, vos perdoou. Efésios 4:31,32

❑ Portanto, como eleitos de Deus, santos e amados, revistam-se de profunda compaixão, de bondade, de humildade, de mansidão, de paciência. Suportem-se uns aos outros e perdoem-se mutuamente, caso alguém tenha motivo de queixa contra outra pessoa. Assim como o Senhor perdoou vocês, perdoem também uns aos outros. Acima de tudo isto, porém, esteja o amor, que é o vínculo da perfeição. Que a paz de Cristo seja o árbitro no coração de vocês, pois foi para essa paz que vocês foram chamados em um só corpo. E sejam agradecidos. Colossenses 3:12-15

A Bíblia é muito direta também no que se refere aos casais, à família e à reconciliação:

Assim sendo, não pode haver judeu nem grego; nem escravo nem liberto; nem homem nem mulher; porque todos vocês são um em Cristo Jesus.

GÁLATAS 3:28

Lembre-se que a falta de amor, de uma boa amizade, faz um casamento infeliz. Você e seu cônjuge deveriam ser melhores amigos, portanto, aprenda a falar com seu par acerca de seus mais profundos desejos, seus maiores temores e suas mais altas metas. Algum dia, os filhos partirão e você continuará casado. Edifique sua amizade para sempre.

CONFIANÇA

A confiança é uma manifestação de se desenvolve ou se forma através do comportamento ou dos sentimentos. A palavra "confiança" significa "esperança firme que se tem de alguém ou algo". Também se refere à segurança que se tem em si mesmo. No casamento deveria existir a confiança de que ambos se amam e se respeitam. Quando a confiança é rompida, fica difícil reedificar a segurança ou a esperança, a fim de que tudo volte a ser o que foi um dia. A confiança é a chave do coração e, uma vez que se perde a confiança, fica difícil poder entrar de novo nesse coração ferido.

> *E terás confiança, porque haverá esperança; olharás em volta e repousarás seguro.*
>
> **JÓ 11:18 (ARC)**

Não existe nada melhor em um casamento saudável que a confiança. A confiança chega a ser um dos elementos mais importantes em um relacionamento. A confiança é uma garantia, um seguro, de que nada virá a se interpor entre os dois. Uma vez que se perde a confiança por causa da infidelidade ou da mentira, leva tempo para poder reedificar-se. A confiança não nasce da noite para o dia. A confiança se desenvolve com tempo e investimento.

Investimento de...
- ❑ Tempo;
- ❑ Troca;
- ❑ Sacrifício;
- ❑ Sinceridade;
- ❑ Honestidade.

Lembre-se de que uma vez que se perde a confiança e tentamos reedificar no casamento, nada volta a ser igual. Por quê? Porque agora é preciso viver as consequências, ou a marca do passado, de modo que nos lembremos do dano uma vez causado.

RESPEITO

O respeito é um dos elementos frequentemente perdidos em um relacionamento. "Respeito" é uma "consideração, deferência, reverência" que se dá a alguém. Em uma relação saudável é necessário respeitar os sentimentos e os valores da outra pessoa. A Palavra é muito clara quando Paulo nos diz:

Não obstante, vós, cada um de per si também ame a própria esposa como a si mesmo, e a esposa respeite ao marido.

EFÉSIOS 5:33

O reconhecimento da autoridade está na pessoa que sabe respeitar. Paulo nos indica algo muito claro no versículo anterior quando fala aos homens em particular que devem "amar a própria esposa como a si mesmo". Com isto nos leva a entender que quando o homem ama a sua esposa como a si mesmo, a honra como parte do seu ser. Além disso, quando o homem pode demonstrar à sua mulher que a ama, e ela, como resposta, o respeita como o cabeça do relacionamento. Lembre-se que o respeito é algo conquistado. Se o homem não ama a sua mulher, a mulher não pode respeitar a quem não se submete à autoridade de Deus. Como resultado, se perde a conexão e se rompe a unidade entre marido e mulher.

APOIO

O apoio é o "fundamento" que mantém algo firme. Em um relacionamento saudável deve existir apoio de ambos de todo ponto de vista. Sem o apoio, o relacionamento não teria fundamento. Lembre-se de que agora são duas pessoas que formam um lar. Então, devem apoiar-se a fim de que vivam na harmonia que se cria entre dois indivíduos unidos nos laços do matrimônio. O homem precisa do apoio de sua mulher para poder ser eficiente em seu labor como marido. Da mesma forma a mulher precisa do apoio de seu marido para poder ser eficiente em seu labor como mulher. O apoio deve ser mútuo, pois devem compartilhar a responsabilidade do lar e fazer com que tudo funcione bem e em unidade.

Quando há apoio no casamento, podem descansar um no outro e sem nenhuma reprovação. Então, já não são mais dois, mas uma só carne, de tal forma que deixam o orgulho de lado e trabalham juntos como marido e mulher. Eu não posso ser eficiente em minha vida como homem sem o apoio de minha esposa. Minha esposa não pode ser eficiente em sua vida como mulher sem meu apoio.

PRESTAÇÃO DE CONTAS

Em um casamento saudável deve existir a prestação de contas. Este é um tipo de organização adotado para dar razão a seus atos como devido. Em outras palavras, a prestação de contas em um relacionamento se mostra na forma em que cada cônjuge responde em assuntos como:

- ❏ Lealdade;
- ❏ Fidelidade;
- ❏ Estabilidade;

❑ Amor;

❑ Respeito.

Podemos adicionar os votos que os dois fizeram no dia de seu casamento. Ambos os cônjuges têm que responder sobre a maneira em que guardam o pacto, cumprem o que prometeram e protegem a unidade entre marido e mulher. A prestação de contas permite assegurar que nada os deterá em guardar sua promessa, até que a morte os separe. A prestação de contas faz com que nos lembremos do que é bom. Se não houver prestação de contas dentro do casamento, não haverá interesse nem responsabilidade no relacionamento, tampouco haverá respeito ou confiança.

CAPÍTULO 12

O AMOR PARA TODA A VIDA

O amor jamais acaba.

1 CORÍNTIOS 13:8

Que incrível é saber que o amor é para toda a vida! Triste é que nem todos pensam assim. O amor não é só um sentimento intenso do ser humano, mas uma mostra de afeto, inclinação e entrega total de si mesmo à outra pessoa. O amor deveria permanecer para sempre. O amor não deveria ter fim. A Bíblia nos diz que:

O amor jamais acaba.

1 CORÍNTIOS 13:8

Então, por que casais deixam de se amar? Uma das razões é que existe a possibilidade de que nunca tenham se amado e, no processo de viverem juntos, se deram conta de que não havia amor, somente uma atração física. Em outros casos desconheciam o significado do amor e entraram nos laços do matrimônio sem nenhum aconselhamento pré-conjugal.

AMAR E ESTAR APAIXONADO

O amor é a cola que segura a relação. Sem amor a relação não funciona. É preciso entender que o amor precisa existir dentro dos laços do matrimônio a fim de que permaneça para sempre.

No casamento existem dois fatores importantes: amar e estar apaixonado. "Amar" é uma ação. Quando digo à minha esposa que a amo, é uma expressão de meus sentimentos. Entretanto, os sentimentos podem mudar. "Estar apaixonado" é uma base permanente. Quando declaro que estou apaixonado por minha esposa, o faço de coração, não por meus sentimentos.

Há muitos casados que se amam, pero não estão apaixonados. Esta é uma das razões pelas quais os casamentos não permanecem. "Amar para toda a vida" é um processo. Devemos aprender como amar e não só expressar os sentimentos, mas o que se tem no coração. O que está apaixonado procura os benefícios sem ter que pagar o preço.

Ainda me lembro da noite anterior ao meu casamento com a Raquel, em que fui com meus amigos fazer uma serenata. Como mencionei no capítulo 4, uma das canções mais lembradas nestes muitos anos em que estamos casados é "Toda uma vida", interpretada pelo trio Los Panchos. Esta canção tem umas palavras que demonstram meu amor por minha esposa. Bem, para poder amar por toda a vida é preciso investir na vida da pessoa amada. Me refiro a investir tempo a sós, momentos juntos, conversas amorosas, intimidade, a fim de criar momentos inesquecíveis.

O amor não se constitui somente de palavras, mas é preciso que seja demonstrado com ações. O casal que não demonstra este tipo de afeto corre o risco de secar o poço do amor. Quando isto acontece, os cônjuges se transformam em companheiros de quarto, nada mais.

Quando investimos ou depositamos na vida de outra pessoa tempo, carinho, compreensão, ternura, respeito, honra e amor, garantimos que vamos colher algo bom. Mas se não investimos nada no casamento, é muito comum ver nosso jardim se secar e ver morrer tudo o que sonhamos ter.

O casal é formado por duas pessoas que se amam e que estão loucamente apaixonadas. Eu vivo para dar à minha esposa todo o amor necessário para fazê-la feliz. A felicidade nasce por meio de um amor verdadeiro. Quando chegamos ao conhecimento total de como amar por toda a vida, podemos entender que não há razão para procurar por amor em outros lugares.

A vida está cheia de complicações, diferenças, problemas, angústias e dores. Não importa onde você more nem onde se esconda, sempre haverá oposição. Ao estarmos casados, vivemos com a pessoa que lutará junto a nós pelo resto de nossas vidas. Não deveríamos lutar sozinhos quando há outra pessoa ao nosso lado para ajudar.

Uma das coisas que a mulher procura em um homem é a segurança. Não me refiro à segurança econômica, mas à segurança emocional, do coração, de saber que seu esposo nunca a abandonará no transcurso da vida. Temos que entender que as emoções e os sentimentos têm grande influência na mulher; no homem influem os pensamentos e a lógica. O homem é um pouco rude na hora de expressar o amor, a mulher é mais sensível quando expressa seus sentimentos e seu amor ao homem de sua vida.

O PROCESSO DE AMAR

Para amar por toda a vida, é necessário atravessar todo um processo. É um caminho longo, mas com muita diversão. Determinamos a condição do caminho a ser percorrido, pois cada um de nós está atrás do volante e controla a direção. Portanto, escolhemos o rumo, a velocidade e o caminho. Quando estamos apaixonados, é preciso reconhecer que o amor deve ser duradouro, eterno e inesquecível. Por isso, é preciso aprender a ser criativo no processo da vida em como amar a essa pessoa que viverá conosco pelo resto de nossa vida.

O amor é expresso de várias maneiras:

- ❑ Com palavras;
- ❑ Com atos;
- ❑ Com sentimentos.

Quando aprendemos a desenvolver o amor por nosso cônjuge usando estes três fatores, isso nos ajuda a criar um fundamento sólido que fortalecerá o relacionamento entre marido e mulher. O amor não pode ser limitado a palavras nem aos atos, muito menos aos sentimentos. O amor eterno é expresso através desses três fatores. É como dizer que na composição do amor há vários elementos. O amor não é só uma palavra, mas uma ação, uma expressão que leva consigo certos ingredientes que comprovam a intensidade da expressão. Por isso dizemos que amar tem seu processo, tem seu tempo, tem seu momento, O amor é como uma flor: cresce e se transforma em algo belo e agradável.

QUANDO SE SABE AMAR

Amar não é al difícil nem complicado, é algo que Deus formou em nós como parte de seu plano perfeito. A Bíblia nos diz que Deus é amor e que Ele nos amou primeiro. Isto nos indica que já existe um padrão, já existe um exemplo estabelecido por Deus de como o ser humano deveria amar:

*Amados, amemo-nos uns aos outros, porque o amor pro-
cede de Deus; e todo aquele que ama é nascido de Deus
e conhece a Deus. Aquele que não ama não conhece a
Deus, pois Deus é amor [...] Nós amamos porque ele nos
amou primeiro.*

1 JOÃO 4:7, 8, 19

O amor é uma conexão interna que é ativada quando uma pessoa se apega à outra. O amor toma sua forma durante o desenvolvimento da amizade. Com o tempo, o amor se transforma em um sentimento profundo, onde agora o coração demonstra nossos sentimentos de muitas maneiras diferentes. O amor é expresso, sentido, visto, ouvido e palpado. O amor é dadivoso, compreensivo e sereno.

O verdadeiro amor não é agressivo nem irritável. O amor não é enganoso, nem vergonhoso, nem ciumento, nem temerosos. O aposto João nos mostra:

*No amor não existe medo; antes, o perfeito amor lança
fora o medo.*

1 JOÃO 4:18

Isto quer dizer que existe um amor perfeito, e esse perfeito amor vem de Deus e pode ser parte do fundamento conjugal.

O SACRIFÍCIO DE AMAR

O sacrifício de amar é entregar tudo. É uma demonstração pública, uma entrega total, uma rendição genuína que sacrifica o orgulho e o ego. Por isso, dentro do amor não deveria haver limites nem muros que detenham a magnitude da expressão do amor. João nos diz:

Nisto se manifestou o amor de Deus em nós: em haver Deus enviado o seu Filho unigênito ao mundo, para vivermos por meio dele.

Nisto consiste o amor: não em que nós tenhamos amado a Deus, mas em que ele nos amou e enviou o seu Filho como propiciação pelos nossos pecados.

1 JOÃO 4:9,10

O amor é um ato de sacrifício que beneficiaria a alguém. O amor é dar sem esperar nada de volta, da mesma maneira que Deus amou o muno para dar-nos o melhor e o máximo: Jesus Cristo.

Conclusão: o verdadeiro amor não é só um sentimento, mas um sacrifício.

AMAR E GOSTAR

Muitos pensam que amar e gostar são a mesma coisa, mas não é assim. A canção "Amar y querer" nos diz:

O que ama pretende servir,
O que ama sua vida dá
O que gosta pretende viver
E nunca sofrer, nunca sofrer

O que ama não pode pensar,
Tudo entrega, tudo dá,
O que gosta só quer esquecer

Nunca chorar e nunca chorar.

O gostar logo pode acabar,
O amor não conhece o final,
É que todos sabem gostar,
Mas poucos sabem amar.

O amor não tem fim, mas o gostar é limitado. O amor tem um sacrifício total, mas o gostar não está disposto a entregar tudo. O gostar é só pretender ou conformar-se sem sacrifício. O amor é sincero, nobre, amável, terno e eterno. Em um relacionamento profundo, o amor tem mais valor que o gostar. O amor nunca perde seu valor, mas o gostar sempre tem má fama.

No capítulo seguinte falarei das demonstrações do amor, as quais descrevem as características de um amor verdadeiro. No capítulo 17, lhes demonstrarei a profundidade do valor do amor.

CAPÍTULO 13

OS ASSASSINOS DO ROMANCE

Não herdarão o reino de Deus os que tais coisas praticam.

GÁLATAS 5:21

Como pastor principal da "Iglesia de Poder", gosto de pensar que Deus me abençoou com certa porção de discernimento espiritual. Entretanto, tenho aprendido que quando chega o momento de aplicar esse discernimento às relações interpessoais, não estou no mesmo nível de minha esposa. Sem generalizar muito, a maioria dos homens que conheço diria o mesmo. Através dos anos, em diferentes ocasiões, minha esposa tem sido capaz de ter a sensação de que alguém não está bem. Algumas vezes teve algum tipo de inquietude por causa de certas mulheres que tentavam aproximar-se de mim com más intenções. Portanto, duas coisas ficaram muito claras sobre estas situações:

1. Na maioria das vezes ela tinha razão;
2. Geralmente, eu não tinha a menor ideia sobre o assunto.

Tenho aprendido a tapas que quando minha esposa sussurra ou me avisa: "Cuidado com essa pessoa", é melhor que preste muita atenção à advertência. Isso acontece porque as mulheres sempre vêm e sentem algo que nós, homens, ignoramos. Não estou falando sobre ciúmes, mas sim sobre discernimento. Nenhuma pessoa teria uma aventura se pudesse ver até onde isto a levaria.

Devemos despojar-nos do disfarce do engano que tem coberto a imoralidade sexual. Para o rei Davi, em 2 Samuel 11, o pecado se disfarçou com o corpo de uma bela mulher, Betsabá, enquanto ele a observava tomando banho. A realidade é que Davi não viu além da apaixonada aventura sexual para considerar os devastadores efeitos que o adultério ocasionaria: um esposo assassinado, uma criança morta, uma filha violentada sexualmente por seu irmão e um filho assassinado por seu irmão. O adultério sempre parece emocionante e estimulante, mas sempre traz dor, pesar e tristeza.

Despojemo-nos do engano e desmascaremos estes dez assassinos que poderiam usar seu casamento como alvo.

PRIMEIRO ASSASSINO: "UM CASAMENTO DE MUITO TEMPO É SEGURO"

Esta declaração é falsa. Se fosse verdade, poderia dizer que devido a que uma pessoa tenha vivido muitos anos, é saudável fisicamente. É evidente que com a aceitação disto, você pode desenvolver uma falsa segurança pensando que, como já está casado por muitos anos, seu casamento está seguro. As estatísticas mostram um aumento na taxa de divórcio entre pessoas que têm estado casadas por vinte e cinco anos ou mais. Depois de todos esses anos cuidando de crianças, seguindo suas carreiras, tanto o esposo como a esposa, de repente podem perceber que vão em direções opostas. Já não têm mais nada em comum do que os filhos. Uma vez que os filhos se casam, os pais descobrem que são estranhos morando debaixo do mesmo teto. Desaparece o lugar que compartilharam uma vez.

A pior parte do divórcio é que você se separa antes de se divorciar. Anos antes que se leve a cabo o divórcio, uma erosão silenciosa, como as ondas do mar, faz com que o amor desvaneça. Seu casamento pode experimentar uma erosão significativa através dos anos.

Qualquer coisa que não é incentivada, morre. Para sustentar um casamento saudável se deve implementar a "manutenção". O problema é que os cristãos vivem com a ilusão de que o divórcio não pode chegar até eles. Por outro lado, como passam cada vez menos tempo um com o outro, a chama do casamento se extingue pouco a pouco. É insensato pensar que por chegar em casa todas as noites e ter relações sexuais com seu cônjuge de vez em quando, você tem um bom casamento. Não, não e não! Pense outra vez. Lembre-se de que a morte raramente chega de repente. Primeiro há sintomas de que estão doentes, de algo que os levará à morte. Do mesmo modo, a destruição de um casamento continua progredindo. Um casamento fraco e desatendido morre. Não espere até a morte do seu casamento para tentar fazer alguma coisa. Considere os sinais de advertência. É muito tarde para chamar um salva-vidas se a pessoa já se afogou. Quer um bom casamento? Cuide dele! Este é o momento de resgatar o seu casamento.

SEGUNDO ASSASSINO: "O EGOÍSMO E A PREOCUPAÇÃO CONSIGO MESMO".

O casamento requer que sempre coloquemos o cônjuge primeiro. A descrição do trabalho para um esposo se encontra em Efésios 5:25:

Maridos, amai vossa mulher, como também Cristo amou a igreja e a si mesmo se entregou por ela.

Este versículo pode ser resumido em uma só palavra: SACRIFÍCIO.

Por outro lado, a descrição do trabalho de uma esposa também se encontra em Efésios 5, no versículo 22:

As mulheres sejam submissas ao seu próprio marido, como ao Senhor.

Este versículo pode ser resumido em uma só palavra: SUBMISSÃO, que se manifesta muitas vezes em dar honra. Precisamos preparar-nos e começar a sacrificar-nos e a sujeitar-nos uns aos outros.

Tome cuidado para não fazer que tudo gire em torno de você. Reconheça os sinais se tudo chega a ser sobre o que você deve ter e do que não está obtendo do relacionamento. Ninguém se divorcia se preocupando com o que precisa ou sua esposa. Lembre-se que a palavra pecado traz em si um "ego" elevado, tenha cuida com o espírito do "eu" porque isso pode trazer graves consequências.

TERCEIRO ASSASSINO: "A IMATURIDADE"

A imaturidade se manifesta quando um dos cônjuges se nega a crescer. Lembre-se das sábias palavras de Paulo aos coríntios:

Quando eu era menino, falava como menino, sentia como menino, pensava como menino; quando cheguei a ser homem, desisti das coisas próprias de menino.

1 CORÍNTIOS 13:11

Chega um momento na vida em que devem cessar as birras, as manhas, e os beicinhos. Já não são crianças, ajam como adultos e vivam uma vida feliz e compreensiva.

QUARTO ASSASSINO: "A MANIPULAÇÃO"

A manipulação no casamento ocorre quando você pensa que nem tudo está andando da maneira maravilhosa que você pensava e que o único motivo pelo qual você se casou com seu cônjuge foi para endireitá-lo.

Lá no fundo você pensa que precisa fazer ajustes no seu cônjuge, transformá-lo na pessoa que você deseja. Você, frequentemente, tenta fazer com que ele seja como você. É sempre o que *você* diz, ir ao lugar onde *você* quer, comer o que *você* tem vontade, comprar o que *você* deseja e, em muitas ocasiões, ter relações íntimas quando *você* quer. Em outras palavras, *você* controla a relação.

QUINTO ASSASSINO: "FALTA DE COMPROMISSO"

Entenda que seu cônjuge precisa saber que, independentemente do que ocorra, você não o vai abandonar. Talvez no dia de seu casamento você tenha feito seus votos a um homem magro, com oitenta e cinco centímetros de cintura, mas agora está com noventa e seis. Talvez ele tenha se casado com uma garota que usava tamanho P, mas que anos mais tarde chegou a usar GG. O casamento é um compromisso, apesar das mudanças que sofrem os relacionamentos ou as pessoas que fazem parte deles. Em uma sociedade sem compromisso, ter um sério compromisso é uma das chaves para a felicidade.

SEXTO ASSASSINO: "A TENTAÇÃO".

Quando o esposo e a esposa trabalham e não têm tempo um para o outro, a tentação pode assassinar o casamento. É fácil permitir que outra pessoa entre em suas vidas no tempo em que "não houve tempo" de qualidade entre o casal. Não permita que o inimigo minta para você como fez no jardim do Eden com Adão e Eva. Sempre procure tempo para os dois, porque se não for assim, outra pessoa virá e entrará em suas vidas para dar ao seu cônjuge o tempo que deseja ter.

SÉTIMO ASSASSINO: "A PRESSÃO ECONÔMICA".

As discussões por causa de dinheiro podem destruir o casamento. O que os uniu não tem nada a ver com o dinheiro. Quando se casaram, o que queriam era viver juntos e felizes, na pobreza ou na riqueza. É muito fácil perder o foco da união por causa do dinheiro. Vivam de acordo com o orçamento, não gastem mais do que têm, nem peçam emprestado para comprar algo que não precisam. Saibam economizar.

OITAVO ASSASSINO: "INTERFERÊNCIA EXTERNA"

Não permitam que sua mãe, sua sogra, o ex-cônjuge, seu melhor amigo, seus filhos, seus colegas de trabalho, interfiram entre você e seu cônjuge. A Bíblia nos diz:

- ❏ Por isso, deixa o homem pai e mãe e se une à sua mulher, tornando-se os dois uma só carne. Gênesis 2:24

- ❏ Bem-aventurado o homem que não anda no conselho dos ímpios. Salmos 1:1

Jamais permitam que pessoas ímpias lhes deem conselhos sobre seu casamento. Tomem cuidado com a interferência externa.

NONO ASSASSINO: "A FALTA DE PERDÃO".

No casamento, sempre deve trabalhar o espírito de perdão. Você é o tipo de pessoa que volta ao passado e revolve o lixo antigo cada vez que se deixa envolver em uma discussão? Se é assim, você está sabotando o seu casamento. Você não pode mudar o que aconteceu no passado, só deve admitir o que ocorreu, jogar fora e esquecer. Tudo o que você tem é o futuro. Portanto, comprometa-se a construir um futuro com seu cônjuge. Tente esquecer o que precisa ser esquecido rapidamente. Você talvez me diga: "Mas se ainda não me pediu perdão?". Jesus perdoou na cruz antes que seus assassinos pedissem. Jesus disse na cruz:

Pai, perdoa-lhes, porque não sabem o que fazem.

LUCAS 23:34

DÉCIMO ASSASSINO: "A COMPARAÇÃO".

A comparação constante de seu cônjuge com outras pessoas não é muito saudável para seu relacionamento. Se dizem coisas como estas, por exemplo:

❑ Quero que minha esposa fique bonita como a vizinha;

❑ Meu esposo não satisfaz minhas necessidades emocionais como o esposo da minha vizinha;

❑ Quero que meu cônjuge vá à igreja aos domingos como fazem outros homens.

A comparação de seu cônjuge com outras pessoas pode conduzir você a ter fantasias com essa outra pessoa.

As duas grandes instituições na Terra são a família e a igreja. Por isso Satanás as tem na mira. Se o lar é o número um na prioridade da mente do inimigo, que é o assassino dos casamentos, é melhor que você o coloque como sua prioridade número um. Neemias 4:14 nos diz:

Pelejai pelos vossos irmãos, vossos filhos, vossas filhas, vossa mulher e vossa casa.

Seus entes queridos são uma causa digna pela qual pelejar. Lute por sua família, por seu casamento. As famílias fortes produzem igrejas fortes e uma nação forte.

Peça ao Senhor força nesses aspectos de seu casamento. Tome a autoridade espiritual sobre tudo que possuam, e não permita que qualquer assassino do casamento venha roubar e destruir o que Deus lhes deu.

CAPÍTULO 14

CONFLITOS NO QUARTO

Tremam de medo e não pequem; consultem no travesseiro o coração e sosseguem.

SALMOS 4:4 (NAA)

Há pouco tempo um pastor me contou uma experiência que teve em um aconselhamento matrimonial em seu escritório. Me contou que este casal estava casado por trinta e três anos, mas fazia vinte anos que não tinham relações sexuais.

_ O que aconteceu? Perguntei.

_ Segundo sua esposa, seu marido sempre estava amargurado e irritadiço. Sua ira era tanta que ela se cansou ao ponto de nunca mais querer ter relações sexuais. Com o tempo, ele se acostumou a essa vida sem relação íntima com sua esposa. O problema é que o marido se cansou e procurou uma amante. Isto fez com que a esposa ficasse ainda com mais raiva, de tal maneira que agora dormem em quartos separados. O marido ama a sua esposa e ela aceita que ele viva a seu lado suprindo as necessidades do lar. Assim têm vivido por um bom tempo.

_ Então, para que veio? _ perguntei ao pastor.

_ Bom, parece que o marido deixou a sua amante e agora encontrou o *amante* do álcool. Ela veio ao meu escritório buscando ajuda porque seu marido tem um problema com o álcool e foi infiel. O que eu faço?

_ E qual foi sua resposta? _ perguntei.

_ Disse: "Senhora, por que pensa que seu marido procurou uma amante e agora tem problema de alcoolismo? ". Ela me respondeu: "Não sei... acho que não tem domínio próprio". Então lhe disse: "Não, senhora, esse não é o motivo. A senhora é o motivo. Se quer consertar esta relação com o seu marido, vai precisar corrigir sua atitude e perdoar o seu marido. Depois, arrumar o cabelo, colocar um pouco de maquiagem no rosto, comprar um pijama sexy, arrumar a casa, preparar a atmosfera e levar seu marido para a cama. A senhora pode corrigir este problema".

O QUE DEUS DIZ SOBRE A RELAÇÃO SEXUAL

Para que possamos entender a maneira de resolver os conflitos no quarto, sobretudo os sexuais, temos que visitar o que Deus nos diz com respeito à relação sexual e à intimidade. Uma das passagens mais importantes sobre uma relação íntima entre marido e mulher se encontra em 1 Coríntios 7:1-9:

> Quanto ao que vocês me escreveram — "é bom que o homem não toque em mulher" —,
>
> digo que, por causa da imoralidade, cada homem tenha a sua esposa, e cada mulher tenha o seu próprio marido.

Que o marido conceda à esposa o que lhe é devido, e também, de igual modo, a esposa, ao seu marido.

A esposa não tem poder sobre o seu próprio corpo, e sim o marido; e também, de igual modo, o marido não tem poder sobre o seu próprio corpo, e sim a esposa.

Não se privem um ao outro, a não ser talvez por mútuo consentimento, por algum tempo, para se dedicarem à oração. Depois, retomem a vida conjugal, para que Satanás não tente vocês por não terem domínio próprio.

E digo isto como concessão e não como mandamento.

Gostaria que todos os homens fossem como eu. No entanto, cada um tem de Deus o seu próprio dom; um, na verdade, de um modo; outro, de outro.

E aos solteiros e às viúvas, digo que lhes seria bom se permanecessem no estado em que também eu vivo.

Mas, se não conseguem se dominar, que se casem; porque é melhor se casar do que arder em desejos.

1 Coríntios 7:1-9 (NAA)

Esta passagem contém dois princípios que são alicerces muito importantes para a intimidade sexual em um casamento.

Primeiro princípio: *A relação sexual é exclusiva do casamento.*

Deus criou a relação sexual para o homem e a mulher dentro dos laços do matrimônio. É parte de seu plano perfeito para que a humanidade se multiplicasse. O gênero humano precisa estar ativo no ato sexual porque Deus mandou que se multiplicassem na Terra. Ao mesmo tempo, Deus formou a relação sexual e a fez para que fosse um ato que trouxesse prazer e satisfação no homem e na mulher. Se não houvesse prazer físico no ato sexual, certamente a humanidade não teria se multiplicado.

1. O primeiro propósito da intimidade sexual é o de frutificar;
2. O segundo propósito da intimidade sexual é o prazer sexual.

Entretanto, parece que temos esta situação ao revés: Prazer antes de frutificar. O que quero dizer com isto? Que existem pessoas que buscam o prazer, mas não querem ter filhos. Esses indivíduos, geralmente, são egoístas porque só pensam em si mesmos e não no plano de Deus. Lembre-se de que a intenção de Deus foi frutificar a Terra antes do prazer.

Bem, o seguinte é que a relação sexual está limitada ao casamento. Há três pontos importantes por quê Deus decidiu que fosse assim:

1. A relação sexual une duas pessoas na carne. Isto chega a ser uma realidade física. Duas pessoas que participam de umas relações sexuais se transformam em uma só carne. Unir-se a uma pessoa hoje e a outra pessoa amanhã no ato sexual vai contra os princípios de Deus. A união sexual é um ato que só deve ter lugar no casamento. A relação sexual fora do casamento é pecado.

2. A relação sexual é para frutificar a Terra. O problema que temos é que buscamos primeiro o prazer, sem aceitar a responsabilidade do resultado. Hoje em dia, os jovens buscam o prazer sexual fora do casamento, e a isso dão o nome de amor. Isso não é amor, é pecado. O amor tudo espera. Então, devido a que não é amor, mas prazer, se converte em um problema para a sociedade, pois têm filhos fora do casamento. Estas crianças precisam de pais, o que é uma responsabilidade que vem com o ato sexual. Entretanto, como a sociedade o reconhece como prazer, agora as crianças já não têm pais, só têm avós.

3.   A relação sexual não começa com um ato físico de intimidade sexual, começa na mente. A ideia de ter relações sexuais chega primeiro, mediante estimulação erótica prévia ao ato sexual. Mostre-me duas pessoas que estejam pensando o dia todo em ter relações sexuais com seu cônjuge e eu te mostro duas pessoas que estão preparadas, dispostas e ansiosas por terem uma noite inesquecível atrás da porta de seu quarto. Agora mostre-me duas pessoas que estão sempre com raiva, sempre discutindo, que pensam em outras coisas menos em estar com seu cônjuge em intimidade, os dois se enchendo de um prazer sexual e amoroso que eu lhe mostro duas pessoas que talvez façam sexo a cada dois meses, um ato sexual nada agradável que não beneficia aos dois por causa de sua mentalidade e a secura do amor em suas vidas.

Por tudo dito aqui anteriormente, é importante que você alimente a relação diariamente, que sempre pense em seu cônjuge, deseje estar com ele e ninguém mais, e que suas fantasias sexuais sejam somente com a pessoa que Deus lhe deu. Além disso, aprendam a brincar e comunicar-se do modo que querem.

Mulheres, não pensem que seus maridos podem ler sua mente. Se vocês se sentam excitadas sexualmente, digam ao homem que amam como se sentem. Depois, se ele não quiser, garanto que se você começar a tocá-lo e a acariciá-lo não ficará muito tempo longe de você.

Entendamos que a relação sexual foi feita para ser boa dentro do casamento. A relação sexual dentro do casamento é normal, pura e saudável. Não há nada de errado, sujo, nem impuro no que Deus fez. Não existe pecado associado à relação sexual. Compreendam que a relação sexual entre um homem e uma mulher foi ideia de Deus. O problema é que algumas gerações têm se contaminado com mitos e mentiras do diabo de que a relação sexual é ruim, suja, indecente ou pecado. Não é isso. Repreende essa ideia em nome de Jesus e alegre-se com seu cônjuge.

O diabo tem contaminado a beleza do ato sexual assim como tem feito com a música e muitas outras coisas. A Bíblia, ao contrário, nos mostra que Deus honra o casamento:

> *Digno de honra entre todos seja o matrimônio, bem como o leito sem mácula; porque Deus julgará os impuros e adúlteros.*
>
> **HEBREUS 13:4**

Quando se diz que o leito deve ser "sem mácula", significa que onde há duas pessoas casadas que querem fazer amor não importa quantas vezes o queiram, o lugar e como querem fazer, será lícito e aceitável. Na realidade, não existe nenhum tipo de impureza apegada ao ato. "Sem mácula" significa que nada que fizermos juntos, os dois, e em acordo, não é ruim. Isto nos leva ao seguinte princípio:

Primeiro princípio: *Seu corpo não pertence a você.*

Na época que o apóstolo Paulo escreveu aos coríntios, muitas mulheres gregas eram depravadas. Seus maridos se preocupavam mais com o prazer estético, por isso deixaram de ter relações sexuais com suas esposas. Quando esses homens se converteram ao cristianismo, muitos deles mudaram suas percepções da beleza e às suas próprias teologias. Em outras palavras, decidiram fazer-se de tão espirituais que deixaram de ter relações íntimas com suas esposas. Por isso Paulo os repreende e diz que estão mal:

O marido conceda à esposa o que lhe é devido, e também, semelhantemente, a esposa, ao seu marido. A mulher não tem poder sobre o seu próprio corpo, e sim o marido; e também, semelhantemente, o marido não tem poder sobre o seu próprio corpo, e sim a mulher. Não vos priveis um ao outro, salvo talvez por mútuo consentimento, por algum tempo, para vos dedicardes à oração e, novamente, vos ajuntardes, para que Satanás não vos tente por causa da incontinência.

1 CORÍNTIOS 7:3-5

Note o que Paulo diz: "O marido conceda à esposa o que lhe é devido, e também, semelhantemente, a esposa, ao seu marido." Então, o que lhe é devido? Demonstrar amor e afeto à sua mulher. Em muitas ocasiões vemos que o marido exige uma relação íntima e ela, muitas vezes, só se sente usada. Muitos homens acham que a mulher tem que satisfazer os desejos do homem. Uma vez que ela cumpre com sua responsabilidade, o homem se vira e dorme. Homens, isso não é o que uma mulher precisa. Ela precisa de romance, precisa que a beijem e que digam que a amam, precisam de carinho, que lhe digam palavras doces, palavras de apreço e de respeito.

Parte da demonstração de afeto à sua esposa é:

- ❑ Falar com ela;
- ❑ Respeitá-la com sua higiene pessoal antes de ir para a cama. Creio que ela merece um homem limpo e atrativo.
- ❑ Preparar o ambiente com algo que ela goste, como música, velas, luzes apagadas etc.

APRENDAM A FALAR DE EXPECTATIVAS E MÉTODOS

Um dos conflitos mais comuns no quarto surge quando se comunicam sobre as expectativas e os métodos no ato sexual. No geral, as duas pessoas deveriam disfrutar da relação sexual. Ainda assim, lembre-se de que ambos têm percepções diferentes de como deveria acontecer o ato sexual. Talvez os dois tenham as mesmas metas de conseguir chegar a uma totalidade sexual, mas é possível que tenham duas expectativas diferentes sobre como chegar a esse ponto.

Falem. Antes de ter relações, perguntem: "Do que você gosta? Gosta que eu toque em você de alguma maneira para se sentir abrasada?" Lembrem-se de que não podemos ler a mente da outra pessoa. Você tem que expressar seus gostos e do que não gosta. Bem, se não tem nenhuma ideia do que você gosta ou não gosta, chegou o momento de explorar e experimentar o corpo humano. Não se trata de criticar, mas aprender sobre os dois.

Como homem, tenho que buscar o que minha esposa gosta e ela o que eu gosto. Lembrem-se disto: Somos seres de hábitos. Não se metam em uma rotina sexual, ao invés disso, continuem experimentando e explorando cada vez que tenham relações sexuais e, além disso, continuem falando.

Tenha em mente que o ato sexual é algo sério, mas você nem sempre tem que ser sério em sua relação sexual. Alegre-se com seu cônjuge, aprendam a brincar juntos. Não permita que sua vida inteira seja chata e que não possam ter um pouco de diversão na cama. Lembre-se disso: "Quanto mais diversão tiverem juntos, mais diversão vão querer ter juntos".

CAPÍTULO 15

CONFLITOS RELACIONADOS AO DINHEIRO

> **Honra ao Senhor com os teus bens e com as primícias de toda a tua renda; e se encherão fartamente os teus celeiros, e transbordarão de vinho os teus lagares.**
>
> PROVÉRBIOS 3:9,10

A causa número um de conflitos no casamento é o dinheiro. Não é a relação sexual, nem as crianças, nem o trabalho, nem a sogra, mas o dinheiro. Para dizer a verdade, o dinheiro é um dos fatores mais comuns na maioria dos divórcios. Me refiro a que tem sido um problema por milhares de anos. Deus já sabia desde o princípio que o dinheiro ia causar problemas. Entendamos que o dinheiro é o que há de mais prático no casamento. A Bíblia está cheia de passagens relacionadas com a administração do dinheiro.

Devemos entender que Deus quer que seu povo prospere e que sejamos bons mordomos do que Ele nos dá. Deus quer que administremos as finanças com honradez e que vivamos livres de dívidas e de inveja. Quando o casal fracassa ao seguir os princípios bíblicos de Deus, o resultado sempre trará lutas e sofrimento.

Agora quero fazer-lhe uma pergunta muito simples: "Por que Sansão perdeu sua força?". A maioria das pessoas responde o seguinte: "Porque Dalila cortou seu cabelo". Então, se eu lhe perguntasse: "O que motivou Dalila a cortar o cabelo de Sansão?" Muitos não teriam a menor ideia. Encontramos a resposta em Juízes 16:5:

Então, os príncipes dos filisteus subiram a ela e lhe disseram: Persuade-o e vê em que consiste a sua grande força e com que poderíamos dominá-lo e amarrá-lo, para assim o subjugarmos; e te daremos cada um mil e cem siclos de prata.

Quero mostrar-lhe o problema que existe dentro da relação e que pode causar destruição permanente: o dinheiro. Sem dúvida, o dinheiro é uma necessidade, e a Bíblia nos diz que "o dinheiro serve para tudo" (Eclesiastes 10:19). O dinheiro nos ajuda a comprar o necessário para sobreviver e, ao mesmo tempo, nos ajuda a aproveitar a vida.

Faça uma reunião com seu cônjuge e façam estas três perguntas:

1. O que pensam sobre o dinheiro?
2. Para que trabalham?
3. O que fazem com o dinheiro que chega em suas mãos?

Agora estabeleçam prioridades como casal. Determinem como vão usar o dinheiro para melhorar a qualidade de vida pelo resto de suas vidas.

Uma pergunta muito importante á: "A quem pertence o dinheiro?". Bom, sabemos muito bem que esta época na qual vivemos é muito diferente da de nossos antepassados. Geralmente os dois têm que trabalhar. O problema está em que o marido acha que o dinheiro que leva para casa é seu e que o da mulher pertence a ela. Não creio que isso seja bíblico.

A Bíblia nos diz que quando o homem e a mulher se casam, deixam de ser dois e se convertem em "uma só carne" (Marcos 10:8). Isto não só se trata de um termo relacionado à relação sexual, significa que os dois são uma identidade na sociedade. Me refiro a uma família, um lar, uma identidade, uma casa, um quarto, uma conta bancária, um orçamento e uma só maneira de gastar dinheiro. Os dois têm interesses mútuos e preocupações mútuas.

Vejamos isto um pouco melhor. A casa, os filhos e o carro pertencem a ambos. Os dois desfrutam da comida, da eletricidade, a água e as comodidades do lar. Então, como é que o dinheiro os mantém separados? Como já vimos, a expressão "uma só carne" não só se refere à união sexual, também leva implícita a "unidade", pois os dois se transformam em uma identidade física na sociedade. Os dois formam uma família com um orçamento e uma forma de gastar dinheiro. Os dois são um lar, compartilham tudo e têm as esmas preocupações, interesses e necessidades. Então, o dinheiro também deveria ser dos dois. Uma conta bancária, um orçamento, debaixo de um mesmo espírito e um mesmo sentir. Paulo fala sobre isso:

esforçando-vos diligentemente por preservar a unidade do Espírito no vínculo da paz; há somente um corpo e um Espírito, como também fostes chamados numa só esperança da vossa vocação; há um só Senhor, uma só fé, um só batismo; um só Deus e Pai de todos, o qual é sobre todos, age por meio de todos e está em todos. (ênfase em itálico adicionada)

EFÉSIOS 4:3-6

Portanto, se podemos estar unidos em um corpo e em um Espírito, podemos também estar unidos nas finanças do casamento.

CONSELHOS PARA MANTER AS FINANÇAS EM ORDEM

Algum tempo atrás, um irmão me perguntou: "Pastor, como começar a unir o dinheiro e saber economizar em um casamento?". Bom, lhe dei alguns conselhos, e os darei a você também, a fim de que o casal mantenha suas finanças em ordem.

1. Tomem o controle de suas finanças. Unam o dinheiro em uma só conta onde os dois tenham acesso. Perguntem um ao outro: "O que você acha do dinheiro e o que vamos fazer com o dinheiro que chegar em nossas mãos?" Sem dúvida, a comunicação é muito importante no casamento.

2. Aceitem que o dinheiro é dos dois. Se um trabalha ou se os dois trabalham, o dinheiro pertence aos dois. Não importa quem traga o dinheiro para casa, nem se um ganha mais do que o outro, pois tudo vai para a mesma conta, os mesmos gastos, as mesmas responsabilidades.

3. Analisem os bens e as dívidas. Com os bens, me refiro a coisas como o carro, a roupa, a televisão, os móveis, as joias, as ferramentas etc. As dívidas, por outro lado, são tudo que devem ambos. O plano é que os bens sejam maiores que as dívidas. Isto é parte das economias. Se não for assim, o que vão deixar a seus filhos se Deus os chama à sua glória?

4. Comecem a viver dentro do orçamento. Aprendam a não gastar, a viver com o necessário e a controlar os hábitos de gastar quando não têm dinheiro. Se cada família vivesse sob

um orçamento, economizaria, pelo menos, trinta por cento de suas entradas em cada mês. Muito mais se os dois trabalham. Com o tempo, isto chega a ser algo muito importante quando tenham um período de crise econômica, como quando o marido fica doente, o desabilitam ou é demitido e seja um pouco difícil encontrar emprego.

Devo deixar claro que não existe nenhuma justificativa baseada na Palavra de Deus sobre um homem preguiçoso que queira que sua esposa o sustente. Os dois podem trabalhar se existe um acordo mútuo. Ainda assim, no final, o homem tem a responsabilidade de ser o provedor de sua família.

5. Estabeleçam metas para os dois. Ao falar de metas, me refiro a coisas como comprar uma casa, sair de férias, investir para os estudos dos filhos etc. Talvez as entradas não sejam grandes, por isso podem estabelecer uma meta de voltar aos estudos para conseguir um emprego melhor. Esforcem-se ao máximo em seu trabalho e se ponham à disposição de seus chefes para melhores oportunidades. Além disso, não cheguem tarde todos os dias, nem faltem por preguiça. Assumam sua responsabilidade e testifiquem do favor de Deus em seu trabalho. Com esta atitude, Deus seguramente abrirá novas portas para você.

6. Aprendam como investir e economizar. Devem saber a maneira de investir e multiplicar seu dinheiro, ao invés de deixá-lo sempre na caderneta de poupança para ganhar somente poucos por cento de juros por terem medo de perdê-lo. Provérbios 13:22 nos diz: "O homem de bem deixa herança aos filhos de seus filhos, mas a riqueza do pecador

é depositada para o justo." Isto é investir e economizar parte do que ganham.

7. Estabeleçam um plano para gastar o dinheiro. Primeiro honrem a Deus com seus dízimos. Em seguida, guardem um pouco e gastem um pouco. O problema está em que a maioria das pessoas não dá nada a Deus, nem poupa, nem investe, mas gasta. É necessário distinguir entre o que precisam e o que querem, pois há uma grande diferença entre as duas coisas. Cheguem a um acordo em que possam considerar o que precisam e o que querem.

8. Aprendam como administrar o dinheiro. Invistam em seminários, comprem livros sobre administração do dinheiro, pois há muita informação lá fora. Existem ministérios que ajudam às igrejas a ensinar o povo de Deus a administrar o dinheiro e a ser melhores mordomos de suas finanças.

9. Aprendam a usar seus cartões de crédito. Devem aprender como usar o dinheiro do banco a cada mês. Além disso, paguem o valor total da fatura para não pagar juros. Há cartões que lhe dão milhas aéreas. Vocês podem aproveitar essa vantagem e viajar gratuitamente. Podem usar seu cartão para comprar as coisas para a casa, pagar as contas, dar seus dízimos, abastecer o carro etc. O dinheiro usado pode transformar-se em pontos e esses pontos em milhas e, depois, usarem essas milhas para viajar nas férias. Tentem não ter mais de dois cartões de crédito, senão, estarão em perigo.

10. Não permitam que o dinheiro controle vocês. Lembrem-se que a raiz de todos os males é o amor ao dinheiro (leiam 1 Timóteo 6:10).

11. Não ponham o trabalho antes de sua família. Há pessoas que trabalham horas extras para ter mais dinheiro, mas sempre estão com problemas porque o dinheiro é mais importante que a família. É melhor ter pouco e uma família feliz que ter muito e uma família infeliz.

12. Liquidem as dívidas. Em Provérbios 22:7 temos uma advertência: "o que toma emprestado é servo do que empresta". Por isso, vendam o que não precisam e usem o dinheiro para terminas de pagar certas dívidas. Essa é a exortação de Romanos 13:8: "A ninguém fiqueis devendo coisa alguma".

Portanto, se quisermos mantem nossas finanças em ordem, devemos considerar o que a Bíblia nos ensina:

Honra ao Senhor com os teus bens e com as primícias de toda a tua renda; e se encherão fartamente os teus celeiros, e transbordarão de vinho os teus lagares.

PROVÉRBIOS 3:9,10

CAPÍTULO 16

DE ACORDO
PARA UM ACORDO

> **Andarão dois juntos, se não houver entre eles acordo?**
>
> AMÓS 3:3

No coração do conflito está o "desacordo" ou o fracasso de chegar a um acordo. Chegar a um acordo é a forma que o esposo e a esposa chegam a ser *uma só carne*. Disto se trata o acordo, o voto, a série de princípios que regem o casamento.

Até o dia de hoje, nunca vi um casamento que suporte com alegria sem estes seis princípios básicos para estar de acordo em seu lar. Devem chegar aos seguintes acordos:

1. Edificar o casamento sobre a Palavra de Deus;
2. Abandonar o passado;
3. Trabalhar sem cessar no casamento;
4. Entender que o marido e a mulher precisam mudar;
5. Convir em que haverá desacordos;
6. Dar o máximo em tudo.

Agora, analisemos em detalhes cada um destes seis acordos.

PRIMEIRO ACORDO: EDIFICAR O CASAMENTO SOBRE A PALAVRA DE DEUS

Minha esposa Raquel e eu fomos ao casamento levando diferentes origens e formas de agir no casamento.

Raquel, por exemplo, vem de uma família de quatro mulheres e um homem. Uma família em que o pai era um homem muito agressivo que maltratava sua mulher e seus filhos verbalmente e fisicamente. Minha sogra era uma mulher submissa a seu marido, mesmo sendo maltratada. Minha sogra pagava todas as contas e trabalhava todos os dias, enquanto meu sogro ficava em casa desabilitado por causa de suas condições físicas.

No meu caso, meu pai era alcoólatra. Todos os fins de semana chegava bêbado em casa, mas com duas bolsas de alimentos para que minha mão não ficasse com raiva. Ninha mãe cuidava dos cinco filhos enquanto meu pai se embriagava todas as semanas. Houve tempos em que meu pai nos colocava para fora de casa porque minha mãe nos levava à igreja aos domingos. Então, por causa de ciúmes, meu pai achava que minha mãe tinha um relacionamento com o pastor.

Quando nos casamos, Raquel e eu não percebemos que estávamos trazendo muito lixo e muitas feridas do passado: nós dois tínhamos formas diferentes de pagar as contas, nossa comida era diferente, nossa maneira de viver também era diferente, assim como nossos costumes. Nossa criação foi muito diferente.

Era difícil chegar a um acordo por causa da diferença que havia entre as nossas vidas. O modelo que deixaram nossos pais não era o melhor para nós. O que fizemos? Bem, com a ajuda de Deus pudemos perceber que Ele era o único que poderia nos ajudar. Então, tomamos uma decisão: limpar o quadro negro completamente, ir para a Palavra de Deus e aprender desse manual. Além disso, decidimos abandonar tudo o que controlava nossa personalidade, nossas atitudes, nosso comportamento e tudo que fosse contrário à Palavra de Deus. Por último, minha esposa e eu fizemos um pacto: nos comprometemos a tratar-nos e respeitar-nos de uma forma bíblica. A partir desse momento, nós dois começamos a trabalhar para mudar e criar um novo modelo. Se vocês fizerem da Palavra de Deus seu foco principal, lerem juntos a Bíblia todos os dias e tomarem a decisão de fazer o que prometerem, não terão necessidade de sair procurando por nenhum tipo de aconselhamento matrimonial.

SEGUNDO ACORDO: ABANDONAR O PASSADO

Os princípios do casamento não se modificam nas bases de nossas experiencias passadas. Ainda que talvez lhe machucassem, maltratassem ou rejeitassem no passado, você não tem nenhum privilégio especial para colocar de lado qualquer exigência do casamento. Como mulher, ainda tem que submeter-se a seu marido. Como marido, você ainda tem que amar a sua esposa com um sacrifício, com uma entrega de amor. Suas relações passadas não deveriam ditar o que podem ou não podem fazer em seu casamento.

Uma e outra vez, vejo pessoas lutando em seus casamentos porque comparam seu cônjuge, ou parceiro, com essa pessoa "perfeita" que tiveram durante dois meses antes de se casarem; comparam a forma em que o marido as tratam com a maneira do ex-namorado ou do ex-marido. Exemplos:

❏ Por que você não abre a porta do carro para mim? Meu ex-marido sempre abria.

- ❏ Por que você não se veste melhor? Meu ex sempre estava na moda.
- ❏ Por que você quer comprar esse carro? Meu ex tinha um igual.
- ❏ Meu ex me acariciava melhor. Tinha mãos de homem, você parece ter mãos de menino.
- ❏ Não gosto da sua comida. Meu ex cozinhava melhor.

Essas pessoas que vivem em temor ou terror, como também as que vivem em um estado de comparação constante, nunca encontram a felicidade genuína com quem vivem. Sempre estão olhando para o passado, o que viveu um dia. Então, perguntam a si mesmas: "O que aconteceria se eu tivesse casado com a outra pessoa?" Lembre-se que tal pensamento lhe conduzirá a um casamento infeliz.

TERCEIRO ACORDO: TRABALHAR SEM PARAR NO CASAMENTO

Há pessoas que acreditam que se há duas pessoas que se amam, não é necessário trabalhar a relação. Entendam, por favor, que o casamento é como qualquer relacionamento. Para que possa crescer, se desenvolver, florescer e dar fruto, deveria antes de tudo receber cuidado, atenção, tempo e nutrição.

Há casais que não estão dispostos a trabalhar em seus casamentos. Trabalham no carro, na casa, em suas carreiras, em suas aparências, no ministério, na academia etc. Enfim, trabalham em tudo, menos na relação. Lembrem-se que todas estas coisas são passageiras, mas seu cônjuge sempre estará a seu lado.

Agora, o que significa trabalhar na relação? Só significa que você e seu cônjuge dedicarão tempo para conversar e para estar juntos. Significa que fará um esforço para conhecer o seu cônjuge. Conhecer seus gostos, seus desejos, seus temores, suas conquistas e suas metas. Às vezes isto significa gastar dinheiro e sair terem uma noite romântica, os dois somente, sem as crianças. E se não têm dinheiro, sair para caminhar pela vizinhança ou pelo parque ajuda a fortalecer a relação. Quando você trabalha a relação, dá algo de si mesmo que, em muitas ocasiões, é difícil de fazer. Deixe seu orgulho e seu ego a fim de poder dar de você mesmo a seu cônjuge. Desfruta do que você tem!

QUARTO ACORDO: ENTENDER QUE O MARIDO E A MULHER PRECISAM MUDAR

O crescimento traz consigo a mudança. A maturidade requer mudança. O desenvolvimento e a multiplicação exigem mudança. Do mesmo modo, o casamento precisa de mudança tanto no marido como na mulher. Uma pessoa sozinha não deveria assumir toda a responsabilidade para a mudança total. A mudança deve vir dos dois.

Por exemplo, há mulheres que sempre vêm ao meu escritório dizendo que seus maridos precisam mudar.

- ❑ Não muda, é o mesmo.
- ❑ Não gosta de mim, é o mesmo.
- ❑ Não assume responsabilidades, é o mesmo.
- ❑ Não toma banho, é o mesmo.

Depois, minha esposa e eu percebemos que, durante a reunião, quem precisa mudar é a mulher. Entendam, os dois são diferentes, vêm de passados diferentes, então os dois precisam mudar.

Mudança significa:

1. Deter com força a vontade cabeça dura e colocá-la aos pés de Cristo.
2. Aceitar o conselho de Deus em assuntos onde você não conhece o plano perfeito de Deus para a sua vida.
3. Desfazer-se de todo egoísmo.
4. Ter autoridade sobre sua atitude, seu vocabulário, seu temperamento, seu comportamento e todos os aspectos de sua vida, e colocar tudo debaixo da autoridade da Palavra de Deus.

QUINTO ACORDO: CONVIR QUE HAVERÁ DESACORDOS

Você acha que está sempre em desacordo com seu cônjuge? É muito fácil cair na categoria de desacordo com seu cônjuge porque sempre pensamos em nós mesmos e não na outra pessoa. Se há duas pessoas com duas ideias diferentes, qual das duas está mais certa?

Talvez você goste de comida mexicana, mas seu cônjuge não suporta. É possível que seu cônjuge goste de comida chinesa, mas você não pode nem sentir o cheiro porque é o que comem todos os domingos depois do culto. Talvez você goste de ter um carro em particular, mas seu cônjuge goste de outro tipo. Na verdade, se analisarmos bem uma família com dois carros em casa, podemos perceber que em nove de dez, os dois carros são diferentes em modelo e marca.

Quem sabe um de vocês seja uma pessoa noturna e a outra diurna, pois gosta de se levantar bem cedo de manhã. A solução é muito simples. Procuram pontos em comum de compromisso e de acordo entre suas diferenças. Não espere que seu cônjuge sempre seja a pessoa que tenha que mudar para que chegue a ser um espelho de sua imagem, de seus desejos, de seu estilo de vida, de sua forma de agir ou de seus gostos.

Valorizem as diferenças que vocês têm e cheguem a um acordo em um nível mais profundo:

- ❑ É mais importante que comam juntos do que comer a mesma comida;
- ❑ É mais importante que juntos conquistem muito na vida do que discutir em que carro vão sair;
- ❑ É mais importante procurar ter tempo para falar sobre o dia do que ter os dois a mesma rotina e os mesmos chefes (que chato!).

Portanto, cheguem a um acordo sobre o fato de que sempre haverá desacordos.

SEXTO ACORDO: DAR O MÁXIMO EM TUDO

Um acordo requer a rendição do "eu". Por isso, um casamento saudável sempre exigirá um coração cheio de doses de dar sem interesse. Muitas pessoas pensam que no casamento tudo deveria ser a metade; ou seja, o homem dá cinquenta por cento e a mulher os outros cinquenta por cento. É evidente que essas pessoas não têm razão. Por quê? Porque o casamento saudável se caracteriza por ter cônjuges que dão o máximo em tudo para que sejam eficientes e cheguem sempre a um acordo cada vez que existir um desacordo.

CAPÍTULO 17

QUINZE CHAVES DE 1 CORÍNTIOS 13:16

> **Agora, pois, permanecem a fé, a esperança e o amor, estes três; porém o maior destes é o amor.**
>
> 1 CORÍNTIOS 13:13

Há tanto que falar sobre o amor que nunca deixaríamos de aprender sobre este verbo devido a sua profundidade. A Bíblia é clara ao nos mostrar quinze chaves do amor em 1 Coríntios 13:4-7. Já lemos, pelo menos uma vez na vida, este capítulo conhecido como o capítulo do amor. Então, Deus me deu esta revelação e espero que seja uma grande benção em sua vida.

AS CHAVES DO AMOR

A sociedade estado-unidense elegeu o dia 14 de fevereiro como um símbolo do amor e o denominou como "O dia do amor e da amizade". Entretanto existe um problema em nossa sociedade: não têm o conhecimento exato da profundidade do significado do amor devido ao incremento do divórcio, a comunidade do aborto e o aumento do abuso doméstico como um dos maiores problemas em nossa nação. A unidade da família tem minguado por causa da falta de amor. Inclusive, o pai que abandona seus filhos é algo que se vê com normalidade hoje em dia.

Diante disto, me pergunto: "Por que, então, é tão difícil amar?" Olhemos e examinemos estas quinze chaves do amor.

Primeira chave: "O amor é paciente".

Encontramos a primeira chave em 1 Coríntios 13:4 que nos diz que "o amor é paciente". Antes que o amor possa ser paciente é preciso ter conhecimento da palavra amor. A definição que encontramos é a seguinte: "sentimento intenso do ser humano que, partindo de sua própria insuficiência, precisa e busca o encontro e união com outro ser". Por outro lado, A Bíblia nos ensina várias palavras no hebraico para "amar", em especial o verbo *ahabah*, que tem como raiz *ahab* ou *aheb* que manifesta um sentimento patente de atração e desejo por algo ou alguém que queremos ter ou estar ao seu lado. Por exemplo, o amor pela esposa, como Jacó que serviu sete anos por Raquel:

Assim, por amor a Raquel, serviu Jacó sete anos; e estes lhe pareceram como poucos dias, pelo muito que a amava.

GÊNESIS 29:20

Também o podemos ver no amor por um amigo, como o que demonstrou Jônatas por Davi:

Sucedeu que, acabando Davi de falar com Saul, a alma de Jônatas se ligou com a de Davi; e Jônatas o amou como à sua própria alma.

1 SAMUEL 18:1

Agora analisemos a palavra "sofrer", que vem dos termos "padecer, pagar o preço, tolerar, resistir". Paulo nos ensina que o amor é pagar o preço por alguém, tolerar a pressão de um problema e resistir o conflito. É muito fácil dizer a uma pessoa "Te amo", mas não é tão fácil demonstrá-lo nem vive-lo.

O amor é mais que uma emoção, um sentimento, uma expressão. Para amar é preciso estar disposto a pagar o preço pela outra pessoa amada. Por isso o amor significa render-se e entregar-se à pessoa escolhida a fim de viver ao seu lado para sempre. Pois bem, o amor não é fugir dos problemas, nem abandonar a situação nem a família. Amar não é depender de outros nem se fazer de vítima por algo falso. Tampouco é manipular a relação, nem ficar sem fazer nada e esperar que os outros o façam em nosso lugar. Um verdadeiro amor luta até vencer, trabalha até conquistar, corre até ganhar.

Se não estão dispostos a sofrer na relação, é possível que isso se deva a que não estejam dispostos a amar. A Bíblia nos mostra o seguinte:

Fiel é esta palavra: Se já morremos com ele, também viveremos com ele; se perseveramos, também com ele reinaremos; se o negamos, ele, por sua vez, nos negará;

2 TIMÓTEO 2:11,12

Em suma, o sofrimento chega a ser uma prova de amor, não uma razão para dar-se por vencidos.

Segunda chave: "O amor é benigno"

Vejamos agora a palavra "benigno", que significa "afável, benévolo, piedoso; moderado, suave, aprazível". Ao dizer que o amor "é benigno", nos dá a entender que em meio do conflito, do sofrimento e das diferenças que existem em um casamento, si na verdade existe amor, é preciso ser afável e suave na conversa, na relação, nas dificuldades da vida. Além disso, ser doce como o mel.

O amor é expresso desta forma devido a que precisamos dele nos momentos mais difíceis da vida. Por isso é muito mais fácil dizer "Te amo" quando tudo está bem, mas é bastante complicado dizê-lo quando tudo está mal. A expressão do amor no meio do conflito demonstra um amor puro e genuíno. Paulo nos diz:

Longe de vós, toda amargura, e cólera, e ira, e gritaria, e blasfêmias, e bem assim toda malícia. Antes, sede uns para com os outros benignos, compassivos, perdoando-vos uns aos outros, como também Deus, em Cristo, vos perdoou [...] Sede, pois, imitadores de Deus, como filhos amados; e andai em amor, como também Cristo nos amou e se entregou a si mesmo por nós, como oferta e sacrifício a Deus, em aroma suave.

EFÉSIOS 4:31,32; 5:1,2. (ÊNFASE EM ITÁLICO ADICIONADA)

Terceira chave: "O amor não é invejoso"

A palavra "inveja" é interpretada como "tristeza ou pesar pelo bem alheio"; é um sentimento de inimizade contra ao que possui uma coisa que não se tem. Em troca, o amor que não tem inveja não anda procurando o que é alheio, o que não lhe pertence. O amor não anda procurando pleitos para obter o que deseja. Para ser mais direto: o amor não tenta roubar o marido de outra mulher, nem luta para ter a mulher de outro homem, nem tenta moldar o seu cônjuge para que seja como o dos outros casais, nem compara o seu cônjuge com outras pessoas que têm algo que você deseja ter. Provérbios 14:30 nos diz:

O coração em paz dá vida ao corpo, mas a inveja apodrece os ossos.

PROVÉRBIOS 14:30 (NVI)

Para dizer a verdade, a inveja é um desejo da carne, conforme Gálatas 5:21. Portanto, se existe inveja em um relacionamento é possível que não exista amor.

Quarta chave: "O amor não é jactancioso"

Aqui temos algo profundo: a pessoa jactanciosa, soberba, acha que o amor que ela sente por alguém é melhor que o das outras pessoas.

Em nossas consultas, Raquel e eu temos visto pessoas que pensam que são algo que não são e tentam demonstrar diante de muitos que o amor em seu casamento é perfeito, mas na realidade são infelizes em suas imperfeições. Sua presunção e sua mentalidade em meio a conflitos é assim:

❑ Você nunca poderá encontrar outro amor como o meu;

❑ Sou a melhor coisa que você tem;

❑ Ninguém amará você como eu amo;

❑ Ninguém poderá dar a você o que eu dou;

❑ Se não fosse por mim, não sei o que seria de você.

Quando amamos de verdade, profundamente, não há espaço para jactar-se de algo que não tem e nem é. O que se ensoberbece não tem amor: A Bíblia nos diz:

Melhor é o que se estima em pouco e faz o seu trabalho do que o vanglorioso que tem falta de pão.

PROVÉRBIOS 12:9

Quinta chave: "O amor não se orgulha"

O amor não se orgulha. O orgulho anda de mãos dadas com a jactância. A pessoa orgulhosa destila soberba e vanglória. A soberba se manifesta na excessiva estima por si mesmo e desprezo aos demais. Direi desta maneira: a soberba é "altivez e apetite desordenado de ser o preferido entre todos". A Palavra de Deus nos adverte:

❑ Em vindo a soberba, sobrevém a desonra, mas com os humildes está a sabedoria. Provérbios 11:2

❑ Está na boca do insensato a vara para a sua própria soberba, mas os lábios do prudente o preservarão. Provérbios 14:3

O amor matrimonial não pode ser alimentado por este tipo de comportamento porque a pessoa que se sente superior ao seu cônjuge não valoriza o que tem.

Sexta chave: "O amor não faz nada indevido"

Lembre-se que em meio às provas, no conflito e na batalha, é fácil ser vulnerável e cair nas mãos do inimigo. Em sua epístola aos coríntios, Paulo nos diz que o amor "não se conduz inconvenientemente", não faz nada indevido. A palavra "faz" é uma ação. Em muitas ocasiões, no meio de um conflito, a pessoa "faz" ou diz coisas que não estão de acordo com sua personalidade. Então, quando estão sob pressão, agem de maneira indevida. A pressão dos conflitos faz com que a pessoa aja e pense em bobagens como o divórcio, a infidelidade, o abuso verbal, o abuso físico, o suicídio, o assassinato e, em muitas ocasiões, até o abandono. Quando alguém ama, não faz nada indevido. A palavra "nada" quer dizer que não há existência de tal comportamento nem de tal ação. Quando alguém ama de forma genuína, não deve tentar ressuscitar algo que já esteja morto, algo que não tem existência. O amor "tudo sofre, tudo crê, tudo espera, tudo suporta" (1 Coríntios 13:7). Provérbios 3:29 nos diz:

Não maquines o mal [fazer o indevido] contra o teu próximo, pois habita junto de ti confiadamente.

Sétima chave: "O amor não procura os seus interesses"
Quando estamos apaixonados, temos que entender que agora existe outra pessoa com se próprio modo de agir. Quando Paulo nos diz que o amor "não procura os seus interesses" é porque existem pessoas com desejos e gostos diferentes.

O amor não insiste em seus próprios interesses, nem em seu próprio bem. O amor não pensa que sempre têm que fazer as coisas à sua maneira. O amor não acha que sempre tem razão. O amor não procura somente o que lhe convém. Este tipo de comportamento se manifesta com um caráter irritante, uma atitude provocativa, pois tudo tem que ser feito conforme seu critério. A Bíblia nos ensina:

Ninguém busque o seu próprio interesse, e sim o de outrem.
1 CORÍNTIOS 10:24

O verdadeiro amor sempre busca a maneira de encher o coração de seu par. É necessário buscar constantemente as coisas que vão beneficiar aos dois e não somente a um. Lembrem-se que os dois agora se converteram em "uma só carne".

Oitava chave: "O amor não se irrita"

A palavra "irrita" vem da palavra "ira". Pois bem, ninguém é imune a uma irritação que alguma pessoa lhe possa causar. Todos nós nos irritamos de uma ou de outra forma. Entretanto, neste caso, Paulo nos diz que a manifestação da ira se deve ao fato de que o indivíduo não quer pagar o preço, não quer padecer, não suporta a prova, não tolera a pressão e se irrita porque quer ter o controle e não pode devido a que existe outro indivíduo que é contra.

O amor genuíno é tranquilo, é benigno, o que significa que é agradável, aprazível e doce na conversa. O Salmo 4:4 nos diz: "Irai-vos e não pequeis". Em outras palavras: "morda a língua e não diga nada que cause um pleito mais profundo". Então, respire fundo e detenha sua ira, pois o amor não é irritadiço.

Nona chave: "O amor não guarda rancor"

O amor não é um sistema de contabilidade. Não guarda arquivos de todas as suas falhas e fraquezas. O amor perdoa e esquece.

Se o amor de Deus guardasse todos os nossos pecados, de que valeria o sacrifício de Jesus Cristo na cruz? Entenda que o amor não guarda rancor nem ressentimentos do passado. Você não pode dizer a seu cônjuge que lhe ama e depois, quando a prova vier, fazer com que se lembre do que tinha feito dez anos atrás. Isso não é amor, é conveniência; você só está no relacionamento por conveniência e comodismo. Creio que a pessoa que guarda rancor precisa de cura interior. Geralmente, essas pessoas já foram feridas mais de uma vez e não sabem como ser livres.

Décima chave: "O amor não se alegra com a injustiça"

A palavra "injustiça" expressa a ação contrária à *justiça* ou a *falta de justiça*. Por outro lado, a palavra "justiça" manifesta uma virtude fundamental que nos inclina a agir e a julgar tendo como guia a verdade que dá a cada um o que lhe pertence. A "injustiça", pelo contrário, dá mostras de que não tem por guia a verdade e não dá a cada um o que lhe pertence.

A injustiça não tem razão, mas maldade. Não tem sentimentos, não se importa com quem sai machucado. Não vale a pena ter como amiga, menos como cônjuge, uma pessoa com este tipo de comportamento. A Palavra de Deus nos diz: "Toda injustiça é pecado" (1João 5:17). Portanto, a pessoa que se alegra com a injustiça manifesta um tipo de abuso verbal e mental. Vemos este tipo de personagem mais no homem que na mulher.

Décima primeira chave: "O amor se regozija com a verdade"

O amor é sincero, o amor não mente. A palavra "verdade" significa conformidade com o que se diz, com o que se sente ou se pensa. O verdadeiro amor nasce do coração. É sensível, é apaixonado, é sincero. O amor reconhece a mentira e se afasta dela, mas se apega à verdade pelo bem-estar e a unidade com seu cônjuge. A Bíblia nos explica o seguinte:

O que diz a verdade manifesta a justiça, mas a testemunha falsa, a fraude.

PROVÉRBIOS 12:17

Na passagem que estamos estudando, Paulo nos ensina a importância de regozijar-nos com a verdade. Quando falamos de *regozijar-nos*, nos referimos a um tipo de celebração, a uma expressão festiva. Parafraseando as palavras do apóstolo Paulo diríamos: "O amor celebra a verdade", e a *verdade* é um fruto do amor. Quando amamos alguém, falamos a verdade porque a verdade influi na sinceridade praticada na relação.

Décima segunda chave: "O amor tudo sofre"
O verdadeiro amor suporta o sofrimento da relação. Sofrer é padecer, suportar, tolerar. O apóstolo Paulo expressa em sua segunda carta aos crentes de Corinto:

Mas, se somos atribulados, é para o vosso conforto e salvação; se somos confortados, é também para o vosso conforto, o qual se torna eficaz, suportando vós com paciência os mesmos sofrimentos que nós também padecemos.

2 CORÍNTIOS 1:6

O sofrimento é necessário para que haja consolação. É preciso haver sofrimento para que haja transformação. O sofrimento nos derrota ou nos fortalece. Nós determinamos o resultado final do sofrimento. O sofrimento é o fruto da prova. A prova é o que nos molda para que tenhamos um casamento saudável.

Décima terceira chave: "O amor tudo crê"

Não deveriam existir mentiras em um amor genuíno. O apóstolo João nos aconselha:

Não vos escrevi porque não saibais a verdade; antes, porque a sabeis, e porque mentira alguma jamais procede da verdade.

1 JOÃO 2:21

Entretanto, todos nós já mentimos de uma maneira ou outra, ainda que isto não deveria ser um estilo de vida. Quando existe um pacto, têm que estar presente a sinceridade e a honestidade. A sinceridade é o que mantém a unidade em seu lugar. Não podem estar em uma relação em que mentem para cobrir suas ações e seu comportamento. Davi nos diz no Salmo 101:7:

Não há de ficar em minha casa o que usa de fraude; o que profere mentiras não permanecerá ante os meus olhos.

A mentira traz destruição à unidade de um casamento Lembre-se de que o diabo é o pai da mentira. Este tipo de comportamento não deveria ser tolerado.

Em minha profissão tenho visto pessoas que estão muito consumidas por este espírito de mentira. Seu comportamento é fraudulento, pois este espírito fortalece seu lado egoísta ao fazer o que for necessário para obter o que quiserem. O rei Davi o expressou desta maneira:

Só pensam em derribá-lo da sua dignidade; na mentira se comprazem; de boca bendizem, porém no interior maldizem.

SALMOS 62:4

O amor tudo crê, mas a mentira, com o tempo, virá à luz.

Décima quarta chave: "O amor tudo espera"

Aqui a palavra "espera" está muito relacionada com a palavra "esperança" que, por sua vez, demonstra a "confiança". Em outras palavras, se temos a esperança firme de conseguir algo, esperamos ver que o desejado acontecerá.

A esperança que se adia faz adoecer o coração, mas o desejo cumprido é árvore de vida.

PROVÉRBIOS 13:12

Quando uma pessoa ama, tem a confiança de que podem alcançar novos sonhos com a pessoa amada. Por isso é que ao nos apaixonarmos por alguém, nos entregamos por completo a essa pessoa. Então, ao nos entregarmos dessa maneira, totalmente, à relação, assim o fazemos porque confiamos na relação. Se não existe confiança, é muito provável que não haja amor. O amor sabe esperar, é paciente, não se apressa em tomar decisões que talvez lhe causem um mal à relação. O amor toma seu tempo porque sabe que tudo acabara bem.

Décima quinta chave: "O amor tudo suporta"

O amor genuíno, o amor puro e verdadeiro, tem que ser demonstrado quando devemos suportar TUDO. O amor não se dá por vencido. O amor não foge do problema. O amor chora quando tem que chorar e se alegra quando tem que se alegrar. O amor não se queixa, pois "o amor nunca acaba". O amor deveria ser mais forte que a fé, mais poderoso que a esperança. Entretanto, a fé e a esperança ultrapassam o amor na vida cotidiana. Paulo, em sua segunda carta a Timóteo, nos diz:

Por esta razão, tudo suporto por causa dos eleitos, para que também eles obtenham a salvação que está em Cristo Jesus, com eterna glória.

2 TIMÓTEO 2:10

O amor se converte na base principal de um bom relacionamento, pois se transforma no que nos dá força no meio do conflito, da prova, do desacordo. Como o amor "tudo sofre, tudo crê, tudo espera, tudo suporta", quem esteja a ponto de se dar por vencido mostra que não sente amor.

Então, lembrem-se sempre disto:

Agora, pois, permanecem a fé, a esperança e o amor, estes três; porém o maior destes é o amor.

1 CORÍNTIOS 13:13

Como vemos, a fé e a esperança são frutos do amor. Entretanto, Deus nos amou primeiro antes que existisse a fé e a esperança. Estas são as chaves do amor!

O QUE É O AMOR?

O amor não pratica o mal contra o próximo; de sorte que o cumprimento da lei é o amor.

ROMANOS 13:10

No Antigo Testamento várias palavras são traduzidas do hebraico que descrevem o "amor" ou o verbo "amar", especialmente o termo *ahabah*, que tem como raiz a palavra *ahab*, o que agrada, o que alguém gosta. Por exemplo:

- O amor por uma pessoa, como o de Jacó que serviu por sete anos por Raquel: "Assim, por amor a Raquel, serviu Jacó sete anos; e estes lhe pareceram como poucos dias, pelo muito que a amava." (Gênesis 29:20). Portanto, o amor espera.

- O amor por um amigo, como o de Jônatas por Davi: "a alma de Jônatas se ligou com a de Davi; e Jônatas o amou como à sua própria alma". (1 Samuel 18:1). Então quando amamos a um amigo como a nós mesmos, lhe damos o melhor.

❑ O amor de Deus por seu povo, como o que manifesta por toda a Bíblia: "Com amor eterno eu te amei; por isso, com benignidade te atraí". (Jeremias 31:3) e "Será, pois, que, se, ouvindo estes juízos, os guardares e cumprires, o Senhor, teu Deus, te guardará a aliança e a misericórdia prometida sob juramento a teus pais; ele te amará, e te abençoará, e te fará multiplicar" (Deuteronômio 7:12,13). Ou seja, Deus ama aos que obedecem e os abençoa GRANDEMENTE.

❑ O amor de Deus por cada um de nós, como o que flui de maneira natural de sua pessoa porque "Deus é amor" (1 João 4:8). Sobre o exercício do amor por parte de Deus, é preciso considerar que se trata de um ato de soberania.

Então, o que é o amor e como se expressa?

O verdadeiro amor nasce da vontade e se converte em sentimento, não o contrário. Só Deus ama sem nenhum esforço, pois Ele, em essência, é AMOR:

Amados, amemo-nos uns aos outros, porque o amor procede de Deus; e todo aquele que ama é nascido de Deus e conhece a Deus. Aquele que não ama não conhece a Deus, pois Deus é amor.

1 JOÃO 4:7,8

Por isso Deus, por meio de seu Espírito Santo, nos capacita para o amor ao dar-nos de sua própria natureza:

O amor de Deus é derramado em nosso coração pelo Espírito Santo, que nos foi outorgado.

ROMANOS 5:5

De modo que como Deus coloca a capacidade para amar à nossa disposição, o mandamento de que nos amemos acaba sendo pesado:

Nisto conhecemos que amamos os filhos de Deus: quando amamos a Deus e praticamos os seus mandamentos. Porque este é o amor de Deus: que guardemos os seus mandamentos; ora, os seus mandamentos não são penosos,

1 JOÃO 5:2-3

O amor reina supremo sobre todas as virtudes:

Agora, pois, permanecem a fé, a esperança e o amor, estes três; porém o maior destes é o amor.

1 CORÍNTIOS 13:13

O amor conduz os crentes à busca permanente do bem do outro. Se não for assim, não se considera válida uma manifestação de amor a Deus:

Se alguém disser: Amo a Deus, e odiar a seu irmão, é mentiroso; pois aquele que não ama a seu irmão, a quem vê, não pode amar a Deus, a quem não vê.

1 JOÃO 4:20

A prática do amor entre os cristãos é o que pode dizer ao mundo que são verdadeiros seguidores do Senhor Jesus:

Nisto conhecerão todos que sois meus discípulos: se tiverdes amor uns aos outros.

JOÃO 13:35

Por fim, recordemos uma vez mais que o amor "tudo sofre, tudo crê, tudo espera, tudo suporta" (1 Coríntios 13:7) e que "o amor cobre multidão de pecados" (1 Pedro 4:8). É por isso que O AMOR NUNCA ACABA.

SOBRE O AUTOR

O pastor David Lazo tem estado envolvido no ministério em tempo integral há vinte e três anos e é fundador e pastor principal da igreja *Iglesia de* Poder, a serviço das necessidades espirituais da comunidade hispânica. O pastor Lazo, juntamente à sua esposa por trinta e uma anos, Raquel, e seus dois filhos, Jestine e Israel, experimentaram uma visita sobrenatural do Espírito Santo e receberam uma clara direção de Deus na condução da comunidade hispânica para um maior encontro com Ele na cidade de Anaheim, Califórnia.

Nascido em Alajuela, Costa Rica, se mudou com seus pais para os Estados Unidos em 1968. Em 1992, Deus o chamou para liderar uma igreja bilingue que, em muito pouco tempo, se converteu em uma poderosa igreja de ensino bíblico e fé.

Estudou no *Berean Bible College*, das Assembleias de Deus, e na Universidade Latina de Teologia de Los Angeles, California, onde recebeu um doutorado com honra em Divindades.

Ordenado ao ministério, o pastor Lazo passou a ser parte da equipe de Líderes Nacionais do Ministério do pastor Rod Parsley, da Igreja Mundial de Colheita [*World Harvest Church*], em Columbus, Ohio.

Nesse tempo, o pastor Rod Parsley o comissionou e recebeu uma nova unção do Espírito Santo que literalmente mudou o curso de sua vida como pastor da Iglesia de Poder.

O pastor Lazo viu Jesus preparando a ele para guiar a igreja ao maior derramamento de dons do Espírito Santo que o mundo tenha visto. Desde esse tempo, os dons do Espírito Santo têm se manifestado de uma forma poderosa: Os cegos veem, os surdos ouvem, os inválidos se levantam e andam, e tumores e câncer desaparecem ao mesmo tempo que Jesus Cristo mostra seu poder a esta geração por meio do ministério do pastor Lazo.

O pastor e sua esposa, Raquel Lazo, têm um ministério de grande unção que alcança casais através das conferências sobre casamento que realizam. O ministério "Unidos em Amor" é parte integral de seu ministério. Sua ênfase é elevar os estândares nas famílias hoje centradas em Cristo, curando emoções danificadas dentro dos casamentos e restaurando-os com as maravilhas do poder de Deus. Os ensinamentos excepcionais que apresentam nestas conferências entusiasmam, enriquecem e enchem a vida dos casais de hoje. Com tal finalidade, os pastores David e Raquel Lazo obtiveram seus certificados de conselheiros matrimoniais concedido pela Associação Americana de Conselheiros Cristãos, Incorporada [American *Association of Christian Counselors, Inc.*].

O pastor Lazo é autor de dois pequenos livros que têm ajuda a milhares de casais a colocar sua vida como marido e mulher em ordem: *El matrimonio el plan de Dios* y *La familia el plan de Dios*.

O pastor Lazo é parte da equipe da "Asociación Evangelística Alberto Mottesi". É capelão e conselheiro do Departamento de Polícia de sua cidade, que consta de mais de quinhentos policiais.

Além disso, faz parte da junta de diretores do chefe da polícia de Anaheim. Também é diretor do Companheirismo Mundial de pastores de Rod Parsley, da zona sul da Califórnia. Seu filho, Israel Lazo, é pastor associado na Iglesia de Poder, juntamente à sua irmã Jestine Lazo, que é pastora de Louvores. O pastor David Lazo e sua família moram em Anaheim, Califórnia.